U0138331

Under His
Wings

The Story of
Florence Lin's Life

林張嘉禎

———

著

在祂翅膀
的蔭下

林張嘉禎的見證故事

# 目錄

## PART I
# 亂世中的童年：
# 我的成長故事

# 機會之門

透過與「國際指標基督教使團」和遠東廣播公司，以及「敞開的門」的安德烈弟兄合作，我有幸認識了林張嘉禎師母，多年來我們有著良好的配搭事奉。自從 1997 年第一次造訪中國，我的心就沉甸甸地掛念著中國尚未認識主的廣大群眾。

我永遠忘不了曾經被帶進一條黑巷子裡，衣領豎得高高地儘量遮住我的臉，妻子達琳和我被領進一棟搖搖欲墜的建築物裡，爬了好幾層樓。接待我的人輕輕地敲一扇門，裡面的人開個門縫，瞧瞧我倆。家主見我們很和善，這才迎我們進屋。

我估計那時候每二十五萬個中國基督徒才能擁有一本紙本聖經。這時，我猛然地覺悟到了語音的力量，顯然無線電能跨越多重障礙。比如，我們廣播項目中有「靜思主道」是讀聖經——讀得很慢，慢到讓聽眾能有足夠的時間把所聽見的完整地寫下來，以補救聖經不足的缺憾。

成千上萬的中國信徒藏有小收音機就為了收聽上帝的道。與林本立牧師和嘉禎師母的相識，為我們一起在中國服事神，開啟了更多的機會之門。後來上帝把祂親愛的僕人本立召回天家，嘉禎仍勇往直前，承接了影響多人生命的「主愛協會」的負責人使命。

我是主愛協會董事會主席，為著嘉禎已經成就的，我感謝主，並且深信她和本立建立的工作將繼續影響成千上萬中國人的生命。

主愛協會董事會主席

**哈洛德·杰·賽勒 (Harold J. Sala)**

# 藉廣播、
# 傳基督、到地極

遠東廣播（良友電台）是自 1949 年以來，對中國進行福音廣播最重要的機構，而其中最重要的華人推手就是林本立牧師伉儷，本書是由林張嘉禎師母所寫作，她記載下的歷史故事，不只是白紙黑字的描述，更是她和林牧師一生服事的真實腳步。

　　遠東廣播公司對中國所做的廣播節目，過去是透過五間不同地區的錄音辦公室合作製播而成，這五間錄音辦公室分別是：美國遠東中國事工部、香港遠東、新加坡遠東（目前已經暫時停止事工）、加拿大遠東、台灣遠東。其中美國遠東中國事工部、香港遠東、新加坡遠

東，林牧師都直接參與了建立和發展的工作；加拿大遠東及台灣遠東，林牧師也非常關心並常掛於心。

若說「中國福音廣播的重要神僕」，林本立牧師伉儷絕對是名列其中的重要人物！

談到林本立牧師伉儷與遠東廣播公司的淵源，可追溯到 1959 年，當年林牧師在琉球沖繩島上，成為遠東廣播公司的宣教士，以他土木工程的專業背景，協助建立向中國廣播的福音廣播電台。1971 年林牧師伉儷更被美國遠東差派至香港遠東擔任地區主任，而他也是第一位中國籍的地區主任。1971 至 1974 年間，林牧師更是積極四處募款購地，為建立香港遠東而奔走努力的重要功臣。

1974 年林牧師赴美進修，後因新加坡遠東需要地區主任的繼任人，林牧師伉儷又再受派任接替新加坡遠東地區主任，他們夫妻甚至當時因孩子求學之故，必須將孩子們留在美國請弟兄姊妹代為照顧，與孩子們分開了十年。他們為了服事而犧牲的故事，實在太多了。

林牧師到了新加坡，不只使新加坡遠東同工的服事水平得以提升，讓他們能無後顧之憂、專心服事；也再次募款籌建了現代化的廣播大樓，同時師母也擔任節目主任，與林牧師一起幫助新加坡遠東更上一層樓！

　　1988 年，為因應「1997 香港回歸中國」之變數，香港的盧家馼牧師找台北信友堂沈正牧師籌設台灣遠東。1989 年，台灣遠東於是成立；那時並在加拿大兩岸分別增加一錄音室。1988 年，在美國的林牧師伉儷，看到美國有許多專業的中國人，他們也可以用其聲音與專業來服事自己的同胞，故在洛杉磯美國遠東下成立了中國事工部。

　　中國福音廣播的重要神僕——林本立牧師伉儷，在華人宣教史上占有一席之地，如今遠東福音會不只是「藉廣播、傳基督、到地極」，更藉著「各式多元媒體」作主在這世上的傳聲筒。2016 年微電影當道，我們便開始製播一系列的微廣播事工，以短小精的模式來製播優質節目；2020 年更製作名為「遠東廣播」的手機應

用程式；2021 年我們全面開展了各式 Podcast 節目，盼能不負主託及繼續林本立牧師伉儷那忠心又有見識的服事榜樣！

台灣遠東福音會總幹事　**于厚恩**

遠東福音會　　遠東廣播 APP　　遠東廣播 APP　　Podcast
官方網站　　　Android 版　　　iOS 版　　　　各式節目

# 走過人生，
# 事奉上帝的精采見證

　　一　口氣讀完了林張嘉禎師母的回憶錄——《在祂翅膀的蔭下》這本書。林師母是一位終身從事福音廣播工作的宣教士，也是我所尊敬佩服的嫂嫂。翻閱她寫的這本回憶錄，好像觀賞一部快速呈現的影片，一個鏡頭緊接著另一個鏡頭，清楚看到那位創造天地萬物的上帝，祂小心翼翼、鉅細靡遺地引領保護我們，祂真是那位奇妙掌管一切的主。

　　我出生於民國二十七年（1938），哥哥本立比我年長五歲，在那個日本侵華的戰亂時期，「逃難」這兩個

字可以說是那個年代成長的人的共同印記。在我的記憶印象中，一生下來就是一連串的逃難，除了逃難、還是逃難。其他細節都是模模糊糊的印象。

在我成長的過程中，聽家人描述，我一生下來就被母親抱在懷中逃難。記得有一次在群眾慌亂驚呼：「鬼子來了！」的匆忙緊張聲中，我們全家什麼都沒拿就爬上一部軍用大卡車逃難。

沿途車輛擁塞，四面八方都是難民。兩手空空、一無所有的難民，餓著肚子擁成一團，不要說食物，連喝的水都沒有。我的一個小妹就因為沒有水沖泡牛奶，而在母親懷中餓死。我與哥哥在到達安全地點後，也都餓得奄奄一息，連站都站不住地倒臥在地。

另有一次在一個名叫金城江的火車站上，全家人擠在火車頂上逃難，忽然聽到「轟」的一聲巨響，原來是意外事件引發了炸彈爆發。我們從車頂上翻滾跳下，在一片黑暗中，彼此拉著手衝刺奔逃。

第二天一大早才發現，我們就處身在一些殘破的屍

塊當中。這兩次特殊的經驗是我與哥哥不能忘記的童年回憶。其他的時日留下的記憶，就是不停地換地方逃難。對我而言，所謂的童年，就是糊里糊塗地跟著親人，一站又一站地跑了許多不同的地方。

　　哥哥比我大五歲，逃難沿途如有可能，父母總會想盡辦法送他去學校讀書，我們兄弟相處的時間就更少了。抗戰勝利以後，我們有一段短時間住在漢口，哥哥卻渡過長江去武昌實驗中學住校就讀。在我最需要一位大哥哥陪伴成長的日子中，我們見面的機會卻更少更難了。

　　就我模糊的記憶中，那時為了收集少見的彩色印刷聖經故事圖片，我曾接觸過教會主日學，也把一些漂亮的彩色故事圖片送給不常見面的哥哥。

　　緊接著國共對立，爸爸必須隨軍遠行，至各地征戰。為安定軍心，軍方決定將眷屬先行遷居台灣。我們全家只好放下盼望許久的安定日子，於 1949 年搭乘空軍軍機抵達嘉義，旋即轉移至虎尾，入住一大片甘蔗田

中存放甘蔗的倉庫中。

哥哥那時已經十六、七歲，由於四處流浪，他常調侃自己：「讀遍大江南北，卻沒有一張小學、初中畢業證書。」於是哥哥下定決心自修，以同等學歷報考台南二中，竟獲高分錄取，隻身一人迢赴台南二中苦讀。一年半即以優異成績，得到台南二中所頒哥哥生平第一張畢業證書，令人稱羨不已。

那個時候還沒有聯考制度，哥哥報考了幾所知名的大學，均以高分錄取。而同年小學畢業的我，卻在中學招生的榜單上，名落孫山遍尋不著。那真是一段難熬難過的日子。

住在眷村中，人際關係十分緊密，隣居朋友隨時過門而入，難免會對哥哥每考必中，恭喜讚美一番。也會順便看一眼窩在房角桌邊的我，叫一聲：「加油！」你相信不相信，這時的我往往會在尷尬的情緒中湧出一片舒適，甚至略帶驕傲的快感——我有位了不起的哥哥！

那年暑假，在爸爸陪同下，我跑遍了台南、岡山、高雄，甚至遠至東港，參加不同的招生考試。深深體會到家人對子女教育的關心重視。幾天以後，報紙新聞揭露台南招生考試爆發弊案，我也是受害人之一，得以補發進入台南市中就讀。從此我們兄弟兩人南北分離，很少見面。而進入青春期發育的我，對成人社會的諸般現象，卻因此越來越充滿懷疑、憤怒與反叛不滿，在學校中分幫結派、打架鬧事，逃學翹課、與老師作對，是個典型的問題學生。然而心底深處仍然一直探問著一些有關生命意義與價值相關的問題，卻始終找不到一個滿意正確的答案。

　　奇妙的是，那個時刻也正是哥哥在台北接觸基督信仰的初期階段。他一直是我心目中的英雄。記得有一年暑假，大家坐在竹籬圍成的院子中乘涼，月光閃閃、眾星環繞輝照，哥哥忽然攤開一張白紙，對照天上的星座，對我們分析講解宇宙的奧祕、上帝的創造，使我驚訝不置。這是我一向崇拜的那位哥哥嗎？他不是一位學

科學的人嗎？怎麼會相信有一位創造管理宇宙萬物的上帝呢？

　　從那次以後，他就常常從科學的角度或日常生活中的經驗，向我們介紹他的基督信仰。那時我們一家五口人，只有他一人是基督徒。爸爸往往從儒家中國傳統提出理性質疑，更對中國近代史中列強對中國的侵犯騷擾，歸罪於基督信仰；媽媽則從民間信仰習俗，過著她習慣的傳統華人日常日子。哥哥的生活圈雖多半在台北，想要向家人宣教，殊為不易，但是他從不忘記：「當信主耶穌，你和你一家終必得救。」的應許，鍥而不捨地向家人宣講見證福音。尤其在認識嫂嫂以後，更是二人齊心，向家人宣講見證福音，甚至放下工程師穩定優厚的待遇，憑信心應允支持我讀大學的生活費、走上一條完全憑信心宣教的道路。

　　嫂嫂在《在祂翅膀的蔭下》這本書中，年屆八十八歲的嫂嫂把她與哥哥一生交往的情節故事、事奉上帝的恩典經驗，作了一番完整的追憶和見證，讀來引人入

勝，感人至深。謝謝你！嫂嫂！我相信你們走過人生、事奉上帝精采真實的見證，會輾轉傳衍在宣教歷史的洪流中。

宇宙光全人關懷機構終身志工　林治平

# 亂世中的童年：

## 我的成長故事

# Chapter 01

# 呱呱落地

半夜萬籟寂靜中傳來嬰兒陣陣的啼哭聲，接著聽到一個蒼老女人嘶喊的聲音：

「你為什麼是個女孩？我要的是孫子，我要個男孩！」

那個連親祖母都不想要的嬰兒就是我。

據說祖母抓起我，猛力朝床角扔去，虧得上帝保守，否則那夜我是死定了。我沒掉到地上，也沒受傷。那時我哪知道上帝的存在，但我的生命的確是掌握在祂的手中。

我生在廣東省廣州市，父母親都是廣東人。我的祖父出身書香門第，他是一所私塾的校長兼教師，關於他

的事我知道的不多，我甚至也沒有見過他。他和祖母共有八個孩子，我的父親是老七，也是祖母最疼愛的。

1948 年離開中國大陸，一路從南京到上海，終於回到廣州。那時祖父已過世，父親把祖母接來和我們同住。一般祖輩都很愛孫輩，但我的祖母卻不是這樣。每天我都要替她擦背，在她房內桌上有一大盤的五彩水果糖，我一面替她擦背，一面眼望著那些糖，希望祖母會給我一顆，但她卻從來沒有給過我。也許她仍然不高興，我不是一個男孩吧！

我的父親在廣東中山大學攻讀哲學系，後來投入黃埔軍校，成為該校第七期的畢業生。雖然小時候我和弟弟都非常怕他，但是長大了才知道，他其實是一個很了不起的人。他長得高大英俊，會寫詩填詞，收集了許多古書、古畫和古玩，喜歡唱京戲。他很年輕的時候就非常地洋化，喜歡聽西洋古典音樂，喜歡打獵，又很會跳交際舞。我和弟弟每次一聽見父親回家了，就躲在閣樓裡不敢出來。有時他對我們吼著說：「我又不是老虎，

● 我爸爸長得又高又帥，好像電影明星，
　但弟弟和我卻怕他怕得要命。

你們為什麼像兔子般躲起來？」他的另外一個稱呼是老爺，下人都那麼稱呼他。

我的母親是一位舊時代的溫順女性。她畢業於師範學校，在小學教書。我的祖母和三姑媽常欺負她，但她總是默默不語。

我出生後，父親離家到另一個省分去，在那裡擔任警察局長。不久，我們也跟著到了那個新地方。父母親告訴我小時候的事情，說我是一個頑皮的小女孩。他們還在淮安的時候，那時我只有三歲。有一天他們發覺我不見了，就拚命地到處找。結果在一個麵攤前面，看見我坐在一張凳子上。原來賣麵的老闆知道我是警察局長的千金，長得又活潑可愛，就很樂意請我吃麵。

我只有一個比我小兩歲的弟弟。我常常欺負他。我的性情急躁，比較外向，弟弟卻像母親，比較內向。我記得有一次，我用指頭沾了口紅，印在一幅著名中國古畫的女子雙頰上。父親回來發覺了，就很生氣地問：「是誰弄的？」我趕快用手指向弟弟，結果害

他挨了一頓打。

第二次世界大戰剛開始，由於工作關係，父親又離開家，獨自先行轉赴上海。隨後，母親帶著弟弟和我，準備經由水路去上海與父親會合。我還記得我們乘坐一條小船，不幸遇著日本飛機從空中丟炸彈，用機關槍掃射，我們蓋著一條毯子，驚嚇地躲在下面發抖。一路上可說是生與死的搏鬥，不過神奇妙 地保守了我們的生命！

終於逃到了上海。

● 媽媽和我及弟弟在上海。

● 我弟弟和我在上海貝當路公園。

# Chapter 02

# 患難童年

我父親在上海的法租界租了一間公寓。法租界的環境美麗又整潔，我還記得街道兩側都種有梧桐樹。公寓旁有一個小公園，當時的生活很平靜。

一天夜裡，母親、弟弟和我正睡著，突然一陣很響的敲門聲音驚醒了我們。會是誰呢？我們非常害怕。母親驚惶地打開門，見是父親的司機，這才放下心來。但似乎是嚇壞了的司機，聲音裡透著焦急，他說：「張太太，趕快，趕快收拾行李，來我家。日本人已經把你丈夫抓走了。快點！」

除了重慶，日本人當時占據了中國大部分的區域，

包括上海、南京還有其他省分。那時，父親是中統局的一名諜報人員。司機告訴母親說：父親去了一家餐館，出來的時候，有人用含有「歌羅仿」（三氯甲烷）的手巾搗住他的鼻子，就逮捕了他。即使那時我還是個小小孩，我仍然清楚記得所發生的事，我們住在那位司機家裡，那兒只有一張床。我們家三口，加上他們家五口，全都擠在那張床上睡覺。

過了幾天，母親收到日本占領區當局傳來的話說：如果母親帶我們去南京看望獄中的父親，他們就放了我們全家。我母親秉性天真，帶著我們上南京。當時人一提起七十六號，都會產生一種畏懼感，因為那是日本人在南京的監獄。記得當我們抵達七十六號時，就看到監獄外面有著高大的牆和門，看起來的確令人生畏。日本人並沒有照他們所承諾的釋放我們，反而將我們銀鐺下獄。即使我們按著他們所要求的都做到了，日本人就是不放我們。他們耍了我們，讓我們成了階下囚。

我仍然記得他們把我們塞進去的那間小屋，就在刑

房隔壁。我特害怕聽見刑房傳來的聲音——人們叫囂、哭嚎、嘶喊。這些受刑人出來的時候，經過我們牢房門口，看起來簡直不能走路了。這印象在我腦海裡太深刻了，我永遠都忘不了。快六歲的時候，日本人決定送我上小學。他們用馬車接送我上下學。小學的名字是瑯琊路小學。

日本人要我父親承認：他是間諜，並且要忠心投誠，但是他拒絕了。而在收到重慶密件，要他假裝投降成為反間諜時，他鬆了口。最後，日本人放了我們，讓我們住進寧夏路一所很好的大房子。我們在南京的時候，父親很少回家，多半住在上海。

有關他的謠言四佈。一天，有位朋友來告訴我們，有些人認為我父親可能是間諜；但也有些人堅持我父親不會是間諜，因為他整天只知道喝酒，混在女人堆裡。他朋友中的一位反間諜遭日本人槍決了。我們也為父親感到害怕。我母親聽到他有許多女人，整日花天酒地又很少回家，為此她感到十分傷心難過，父親卻不敢告訴

母親：他其實是反間諜。父親為了掩護自己真實的身分，結交偽政府頭子汪精衛的兒子，和他成為好朋友。

中國對日抗戰持續了八年之久，整段時間裡我們都住在日本人的占領區。我們住寧夏路時，園子裡有防空洞，因為聯軍的飛機常常來空襲。我們一聽到警報聲就趕快躲起來。有一次我和弟弟不懂事，看到飛機飛得好低就跑出去看。當時飛機低飛到甚至可以看見駕駛員，他們用機關槍掃射地面。子彈打到了我們家的鐵門，當然我們被大人拖回防空洞。神又再次救了我的命。

我們搬到寧夏路那棟有三層樓的房子之後，弟弟和我都在瑯玡路小學讀書。上學途中側邊有一座小山丘，那裡有個廟。我和弟弟常到山上去玩。看見廟裡面目猙獰的十八羅漢，心中懼怕不已，懷疑這些神這麼可怕，他們真的會保佑我們嗎？我們認識了廟中的一位尼姑，我彷彿還可以聞到她煮飯的香味，她常常給我們一些飯吃。我記得她住的房間又小又黑暗，總感到她好寂寞好可憐，我決定長大後絕對不做尼姑！

我十歲的時候，有一天，肚子痛得不得了，我告訴母親說我不能去上學了。母親認為我只是想逃學找藉口，就不相信我。過了兩天之後，肚子仍然痛，母親帶我去看醫生。醫生看了說沒什麼大事的，只是感冒而已，吃點藥就可以好了。可是吃了藥還是沒好，母親知道事態嚴重了。結果她帶我去醫院看另外一位醫生。醫生一聽我的狀況就知道是盲腸炎。當時我還在吃蘋果，醫生把蘋果從我口中拿出來：「現在馬上要開刀。」

　　兩位醫生替我開刀，可是找來找去也找不到盲腸，主治醫師就說：「縫起來算了。」可是另外一位醫生說：「再找找看吧！」結果在大腸下面找到，盲腸已經爛了，大腸也發炎成為腹膜炎。我在醫院住了一個月，肚子上開了一個洞，每天把膿抽出來。如果當時那位醫生把傷口縫起來，我的命就沒有了，所以神又一次保存了我的性命。

　　日本投降那天，父親立刻闖進偽政府頭子的家裡，將他雙手捆綁，下在監裡。母親十分訝異，發現原來父

親真的是反間諜，也理解到有這麼多女人圍著他，原來是為了掩護他的真實身分。

勝利後，寧夏路的房子必須歸還，於是我們就搬到南京一個叫做大樹根的地方居住。大樹根有兩棟房子一前一後在一個大院子內。那時我的父親仍然屬於中統局，也是第七軍團的師長。我們住第一棟，而後面那棟就住了一些他部下的兵，有一次這些兵叫我：「小妹妹，要不要來吃肉？」我聞到肉香就吃了，覺得好好吃。後來才知道是狗肉，那是我生平第一次吃，以後再也沒吃過了。

身為間諜，想辭職轉業對父親來說並不容易，但他不斷努力進修並爭取，在金融業找到一個職位，終於成了一名銀行家。父親離開中統局後，我們搬到靠近玄武湖附近的翠明村。此時，我已小學畢業，開始上初中了。

南京有兩所著名的女子中學，滙文女中和中華女中。滙文女中的學生多半是出身富裕，而中華女中則是

● 讀初一時，瘦得像竹竿的我是爸爸的最愛。

較為樸素的基督教女子中學。父親送我上基督教辦的中華女中。每個人都很詫異，為什麼父親送我上基督教學校？我父親一向是反對基督教的。他常告誡弟弟和我永遠不可以當基督徒，因為父親認為基督教是帝國主義遂行侵略的工具。

他送我上基督教學校是因為：他相信那兒可以給我比較好的教育。其實我在那兒得到的，可不光是知識。在學校裡，我們每天都有晨更。有一天我聽到一位女士說：罪就像一條黑蛇圍繞著我們，它用蛇身纏住我們，叫我們逃不掉。唯一逃脫的方法就是接受耶穌在十字架上的犧牲。我從小就喜歡音樂和唱歌，初中時曾被選去電台唱歌，我還記得歌名是《夏日最後的玫瑰》。

共產黨打來之前，可說諸事順遂。父親說：「共產黨比日本人還凶。」我們便從南京搬到上海，最後定居廣州。在那兒我仍然上基督教的培道女中。那時雖然我還不是基督徒，但我記得我所唱的《耶穌愛我》那首歌，我也記得所讀過的約翰福音三章 16 節。

在廣州時，我第一次談戀愛。對象是我父母朋友的兒子，那時我們只有十五歲。中共取得了廣州後，接著又攻下一個又一個省。我們家必須搬遷到一個安全所在，於是我們遷到台灣避難。母親、弟弟和我在中共取得廣州的前一個月到了台灣，父親則是在廣州被占的前一天才離開。

當男朋友知道我們要遷至台灣時，他決定離開住在香港的父母，為了我，他也隻身遷至台灣，住在他父母的朋友家上建國中學。中學畢業後，他去美留學。我們倆都以為將來會結為夫妻，但神卻另有計劃安排。

# Chapter 03

# 在台灣的生活
# 與面臨抉擇

到了台灣之後，我們開了一間當時相當有名的餐廳，叫老爺餐廳。也許你想知道為什麼會開一間稱為老爺餐廳的餐館呢？

起初我們住在台北羅斯福路四段，後來中央信託局（我父親工作的機構）另外分配一間較大的房子給我們，這屋子座落在新生南路三段。那個房子的後面有一個非常大的院子。我的父親認為可以發展為養雞場，因為當時台灣是克難時期，每家少有餘錢買大魚大肉吃，認為能吃到雞蛋就很補了，因此當時風行養來亨雞。父親認為我們既有這麼大的院子，可以養不少的雞，並且

也會有很多雞蛋可以出售。

　　我記得當時我們自己孵小雞。我們買了一個孵蛋機，每幾小時就要把蛋翻轉一次。這工作就落在我弟弟的身上，最後我母親和弟弟成為主要的養雞負責人。雞很容易生病，我弟弟不時得替牠們打針和清理喉嚨。他也必須騎腳踏車送雞蛋給定期購買的人家。我彷彿仍然可以看到弟弟的腳踏車兩端掛了兩個大籃子，他搖搖晃晃非常辛苦地騎著腳踏車到處去送雞蛋。

　　我父親比較疼我、慣我，只讓我做些簡單的家事，而我也樂得不碰養雞的事。

　　後來爸爸從中央信託局退休，每星期幾次請了拉胡琴的來家裡拉，並有不少票友一起來唱京戲。父親認為自己是老爺，理當享受，他也花很多的時間寫詩填詞，到處去收集些古書，於是所有家裡的事並養雞的工作都落在母親和弟弟的身上，母親也溫順地接受了這個事實！

　　我不知道爸爸後來在哪裡得到了一本英文烹飪書，

他照書中煎了牛排，覺得很好吃，吃後又做了一種「知利雞」。於是他就起意要用家中寬潤的走廊開一家西餐廳。當時母親極力反對，因為她大概知道，到最後，一切工作又會落在她頭上。不顧母親的反對，餐廳還是開了。當時要取個名字，我說：「既然老爺要開，何不叫做老爺餐廳？」因此餐廳的名就定了。正如母親所料，沒多久父親就不再有興趣，結果有客人要吃牛排時，招待員就會說老爺牛排賣完了，只有「太太雞」了！

讓我解釋一下什麼叫做太太雞。這是將童子雞先炸，然後再放入一種醬料中煮的雞。香料主要用稱為知利（Chili）的辣椒香料磨成粉，再加上其他的香料煮成。童子雞因為是自己養的，所以肉特別柔嫩鮮甜，配上台灣少有的香料特別好吃！

為了補身體，好多人來吃，漸漸在台北出名了。聽說後來有人也開了一間老爺餐廳，因為沒有吃過，不知道他們怎麼樣煮法。

## 高中生活

在台灣的時候，我念的是在台北的公立、非基督教學校的第一女中。我高中時期算是相當高的一個女孩子。我的腿又瘦又長，常參加各項的運動比賽，好像跳高呀，跳遠呀，打籃球，還有游泳。在比賽時得過獎，一百米賽跑以及游泳都得過第一名。

當時我們那一班一共分為甲乙丙丁四組，我是丙組，也就是說我的功課只是馬馬虎虎，我特別不喜歡的就是數學，無論是幾何、代數、三角，每次得到的都是要補考。我比較好的是英文，英文老師是留過美的。我記得有一次老師教我們「鵝」的英文單字，我剛好知道這個字。老師說是 geese（多數），我立刻站起來自以為是地辯說：老師不對，是 goose（單數）。當然被老師訓了一頓。

在同學中我有好幾位好朋友，其中一位叫沈祖燕，我們在南京就同校同班，然後在廣州也是。在台北一女

● 高中二年級的我，在一女中讀書。

中又同校，不但如此，還同是丙組的。還有一位叫祝引瑞，我常到她家去。她很會畫畫，文字也很好。在同學中有一位是台北某家殯儀館老闆的女兒，我們都離她遠遠的，說她滿身有死人味，現在想起來覺得我們太不懂事了。

有一年，一女中開辦週末放映電影籌款，記得我在廣州就要好的男朋友騎著腳踏車來學校和我一起看電影，我感到好驕傲，同學中還少有像我那樣有男朋友的。我高二時，男朋友就高中畢業了，當時他離開台灣到美國留學。我們只能寫航空郵簡聯繫。郵簡只是薄薄的一張紙，來回要花一個月。那時沒有電郵或其他聯絡的方式。後來聽說他那裡很冷，於是我把自己的毛衣拆了，用舊毛線替他織圍巾和手套。

當時一女中的校長是江學珠，對學生管得非常嚴，學生都怕她。訓導主任和她一樣地兇。我們的制服是藍布旗袍，規定不可以有腰圍，不可以太短，我們稱它為藍布大褂。每人頭髮不可以過耳朵，當然也不准許戴耳

環，但還是有些學生把頭髮的後面留得較長。

到高三時，大家都為了考大學緊張努力讀書，那時台北只有台灣大學和師範大學。三年高中很快地讀完了，也到了大家分別的時刻！同學之間依依不捨。

## 同學向我傳福音

念一女中時，中午有兩小時午休時間，我和同學們常會談些男朋友、服裝、電影或者別的女孩子的話題。我們當中有一位基督徒卻老是談耶穌，要我信耶穌。我回答：「我為什麼要信耶穌？」我清楚記得父親告誡過我，永遠不可以成為基督徒。她卻一直對我說，你需要耶穌，因為你是個罪人——而我並沒有犯罪。這個回絕並沒把她打發走，她對我仍非常有耐心。

一段時間過後，有一天她來問我要不要學英文。我說：「當然要。」她告訴我有一對從英國來的夫婦免費教英文。我意識到一定會是學習聖經。我告訴她，我去

● 帶領我信主的英國醫生，丁曉亮醫生全家福照。

是要學英文，別想勸我成為基督徒。

我和她一塊兒去丁曉亮夫婦辦的查經班——丁曉亮（Dr. H. Donald Dale）是來自英國的宣教士醫生。我們從約翰福音三章讀起，這讓我想起初級中學時學過的一首歌。我尋思著：如果想學英語會話，我得跟丁曉亮醫生談談，問他些問題。丁曉亮醫生建議我下回跟他太太（Penelope Dale）談。我有必要再回來嗎？為什麼！他們不就是要我成為基督徒嘛。

第二天，我等不及地要回去跟丁曉亮太太談談，她

很高興見到我。丁曉亮太太領我進她家的一間小房間，請我喝茶，吃餅乾。在那兒，她讀聖經的哥林多後書五章 17 節給我聽，並且告訴我，我是個罪人，需要耶穌，祂可以改變我的人生。她說：「有祂在你心裡，你可以重新開始你的人生。」

她所說的觸動了我的心。那時候我大概是十七、八歲。我疑惑著，「人為什麼活在這世上，尤其是身為一個女孩子？難道我努力讓自己變得漂亮，好嫁人生孩子，然後死去？」我對世界的看法是灰暗淒涼的。

我性子急，知道這輩子也改不了。回家的路上我一邊蹬著自行車，一邊反覆地思考她所說的。如果我接受耶穌，我就可以成為一個新人。最終聖靈說服我是個罪人，我禱告說：「耶穌，如果她說的是真的，我要這種新生命。請進入我的生命、我的心，也饒恕我犯的罪。」

從那天起，我的生活完全改變了。這世界似乎變得美麗了，天空也變得更耀眼蔚藍了。我知道我曾經定

意：絕不當基督徒，但是事情改變了，我的心改變了
——我接受了耶穌。

　　然而我猶疑著，「父親會怎麼說呢？」我不敢告訴
父親我參加了查經小組，只說是去學英語。我也沒參加
教會的聚會，免得被發現。但是有一天，我覺得必須受
浸，就和丁曉亮醫生夫婦商量。就在當晚，他們帶我去
一所教堂，在那兒受了浸。母親看到我拎著一包濕衣
服，知道我受洗了，她很難過。她是位虔誠的佛教徒。
事實上，她曾經把弟弟「給」觀世音菩薩當兒子。她知
道我成了基督徒後，問我：「我死後，誰給我上供和燒香
啊？」

　　第二天早上，父親坐在客廳的大椅子上叫我，要和
我說話。弟弟和我都怕他。他生氣的時候，瞧著他都讓
我們發抖。他說：「聽你母親說，你做了基督徒。我說
過，永遠都不可以的呀！為什麼不聽話？我再給你一次
機會。如果你仍然願意做我的女兒，就不能做基督徒。
否則你得離開這個家。今晚就給我個答案。」

我該怎麼辦啊？我問了宣教士，他們告訴我：「『愛父母過於愛我的，不配作我的門徒；愛兒女過於愛我的，不配作我的門徒；不背著他的十字架跟從我的，也不配作我的門徒。』（馬太福音 10：37-38）如果你把主放首位，祂會解決你的難題。」

　　那晚我一回家，就見父親早已在客廳裡等著我。他問我是否決定好了，我告訴他：「是的，我要繼續當你的女兒，也要繼續當基督徒。」他不滿意我的回答，因為他以為我一定會說：「我不要做基督徒」，於是氣急敗壞地對我說：「只有兩種選擇，沒有第三個。要嘛，繼續做我的女兒，要嘛，繼續當你的基督徒。你既然選擇做基督徒，現在就滾出去！」

　　拿了幾件衣服，我離開了家門，去丁曉亮醫生夫婦家，他們願意收留我幾天。他們告訴我有一個基督徒學生中心，可以在那兒當看管做個傳福音的人，向那些來打乒乓球和看雜誌的台大學生作見證。中心給的工資不多，不過我還是接受了這份工作。

# Chapter 04

# 神的豐足

學生中心的生活對我來說很新鮮。雖然當時我已經十八歲了，可從來沒離過家，自己一人住在學生中心，感覺孤單。我缺少很多東西，可是沒錢買。那時聖經詩篇裡的一節經文對我特別有意義，就是詩篇二十七篇 10 節所記，「我父母離棄我，耶和華必收留我。」

離家時，我沒時間收拾我的東西。當時因為是八月，在台灣天氣還不冷，所以我穿的是涼鞋。冬天來了，我掙扎著。住的房子裡沒暖氣，我的腳趾凍得發青發紫。我禱告，求神給我一雙鞋。聖誕夜聚會後，回房

看見床上有個盒子，裡面是一雙全新的深綠色鞋子。有張收據，上面寫著：「希望你喜歡這雙鞋。如果尺寸不對，可以去換。」我感動得直想哭。至今我仍不知道是哪位那麼有愛心送我那雙鞋，但我知道必是從主來的。鞋子十分合腳而且很暖和。

又有一次，我牙疼得厲害，可是沒錢看牙醫。我禱告，五分鐘後牙不疼了。我的信心與時俱增，開始每天靈修。在學生中心，我早早起床，禱告，唱讚美詩。白天，對街附近大學的學生會過來打乒乓球，看雜誌，休息，聊天。我跟他們分享我的信仰。告訴他們耶穌如何改變了我的生命，和我正在預備參與宣教工作。在那裡的宣教團體——導航會（The Navigators），訓練基督徒成為門徒。他們的教材對我有很大的幫助，教導我如何與別人分享我的信仰。

導航會有一套系統性的訓練材料，不亞於神學院的教育。他們根據提摩太後書二章 2 節來教導我們做主的忠心門徒，「你在許多見證人面前聽見我所教訓的，也

要交託那忠心能教導別人的人。」他們安排一位信主年日較久的，每星期和我見一次面。他們稱此為 2:2 工作。我的 2:2 工作帶領人就是丁曉亮師母。她按順序教導我聖經中的真理，並且每星期背誦三節聖經。他們說背誦聖經的祕訣就是溫習，所以也抽一些我背過的經文要我背。這些經文對我一生都有極大的幫助。

　　導航會不但訓練我們聖經上的真理，也讓我們照著聖經上的真理去做。我第一次學到去群眾中傳福音，我們分兩個、兩個一組，拿著聖經和福音單張，然後上了公共汽車，就在公共汽車裡面，我們發單張，同時向坐在我們旁邊的人講福音。傳耶穌基督的福音不是一件容易的事，因為有些人不想聽，有些人則罵我們，但也有人聽了信主的。因此我們也有操練服事人的機會。

　　我的肚子常常會餓，記得有一次去聖經函授學校幫忙，剛好到了中午，有一位同工在樓梯下面用蒜頭炒菠菜，哇，聞到炒菜香味四溢，覺得好香好香啊！她給了我一小盤，我覺得那是全世界最好吃的東西，至今仍未

忘記那香味。

我記得離我住的學生中心不遠，有些破舊的小木屋，有時我也去那裡敲門向人傳福音。我發現在其中一間屋子裡住了一個孤獨、瘦弱又生病的婦女，她說她得了嚴重的肺病。當時我一點也不怕被傳染，因為相信神必保守我，即使我受到傳染也是在祂的旨意中。我傳福音給她，她接受了主。我替她煮飯洗衣服，並帶她去看病。但她已經病入膏肓，不久之後就去世了。

我和一位女性遠東歸主宣教士每星期去挨家傳福音。我們並不認識那些人。去之前禱告求主使他們開門，神果然垂聽我們的禱告，多數人都願意為我們開門。

有一次在丁曉亮醫生家，遇到一位女宣教士，她專門服事在山區原住民中的癩瘋病患。我很佩服她，就想去看她的工作。於是她請另一位宣教士帶我去。我們到了一個人煙稀少的鄉下。大概花了半天的時間，先走了好幾哩泥土路，過了竹林，踏過小溪，再爬上一座相當

高的小山才到。然後當天再走同樣的路回到學生中心的十字園。

　　我的兩隻腳都被鞋子摩傷而長水疱。覺得這不是我能做的工作。當時我想到宣教士的辛勞，他們離鄉背景來到語言不通、文化不同的國家，為的是把福音傳播給不認識主耶穌的人，真是令人佩服！

　　平時，學生中心每週六都有針對台大學生的佈道會。我就每週六晚上，站在靠近學生中心的街上，邀請經過的大學生來參加。那時學生中心也租給好幾位台大信主的姊妹，她們成為中心的義工。這段期間我的靈命成長得很快。

　　在訓練的過程中，我讀到信與不信的，不能成為一體。我就寫信給在美國讀書的男朋友，向他傳福音，並問他信不信主耶穌。他回信說，他去教會，並參加唱詩班，但還沒有準備好信耶穌。那時我一心要順服主，就寫信告知他，我無法再和他繼續來往。

　　這決定真不容易，因為我們交往都快五年了，而且

彼此約定終身相伴。那時不但離開家，又失去了男朋友，覺得孤單極了！有一天在靈修時，唱詩歌《祂看顧小麻雀》，歌詞帶給我無比的安慰。「為何憂愁常怨嘆？為何黑影迷漫？祂既看顧小麻雀，深知我必蒙眷佑！」我知道神必定會帶領我的一生！

# Chapter 05

# 燈下佇立一青年

每禮拜五晚上在學生中心有稱為「英語學生班」的聖經課。帶領的人是宣教士凱瑞,我們讀《天路歷程》。在聖經課裡,我的任務是點名,我得回頭看看每一個來查經的人。有個年輕人總是坐在我後面。我回頭看他時,他總會對我笑。有一回我們粉刷中心的牆,他也來幫忙。他的名字是林本立(John B. Lin),比我晚一年成為基督徒。他參加我們的門徒訓練,慢慢地我更多認識了他。

這時候,我已得父親允許,每星期都回家探望母親。我一進屋子,父親立刻出門,連看都不看我一眼。

有一天我正要去看母親，本立在街上遇見我。他問我去哪兒，我告訴他時，他說他正好要到那附近，於是他伴著我一塊兒騎單車往我家走。

等我離開家時，天已經黑了。我注意到街燈下有個人站在那兒。仔細一看，竟是本立。他笑著告訴我，他已經等了兩個小時，為的是我們好一起騎車返回各自的住處。當時我覺得一個男孩為要和他愛的女孩一起騎車回去，而願意在屋外涼風中，乾等兩小時，那真是了不起。就這樣，他感動了我，覺得他很有耐性和真誠，我們便開始較密切地交往了。

那個時候導航會的一對宣教士夫婦也住在學生中心。他們把車房改成他們的愛巢，因為他們結婚不久，所以有機會注意到我的生活。他們不但教導我們聖經真理，也注意我們生活的見證。那時本立和我剛開始談戀愛，要花很多時間在一起。

有一天宣教士的太太來找我談話，她告訴我說：「你們兩個人才信耶穌沒多久，應該花時間追求神的事

● 林本立牧師為台大土木系
　學生，好英俊吧！

情，而不是花太多時間在彼此的相聚上。應該尋求看
看，是不是神的旨意要你們在一起。」那個時候本立大
學已經畢業，將要去服兩年的兵役。

　　那年夏天我參加了導航會的退修會，在退修會中，
我竭力尋求神的旨意。有一天在靈修時，神讓我看到以
賽亞書五十四章 5 節，「因為造你的是你的丈夫；萬軍
之耶和華是他的名。救贖你的是以色列的聖者，他必稱

為全地之神。」

神對我說，因為造你的是你的丈夫；萬軍之耶和華是他的名。所以我知道：神不要我結婚，因為神是我的丈夫。當時我心裡痛苦極了，我最怕做老處女，但神的話這麼說，我只有順服。退修會結束，下山後我對本立說，神不要我結婚，所以我們不能再繼續下去；可是本立說，神告訴他，我就是他將來的老婆。後來他去服兵役，我們彼此就分離了兩年。當時我告訴神，我的心是肉做的，我不能騙祢，說我不再愛他了，奇妙的是，神把我愛他的心也拿走了，使我不至於太難過。

他服完兵役回來，我發現愛他的心又回來了，心裡好矛盾又懼怕。我哭著對神說，我不要違背祢的命令。那天靈修時看到詩篇二十篇4節：「將你心所願的賜給你，成就你的一切籌算。」我一天看兩篇詩篇，我認為第一天的經文是偶然的。就繼續看第二篇，看到詩篇二十一篇2節：「他心裡所願的，你已經賜給他；他嘴唇所求的，你未嘗不應允。」

我心所求、所要是我們倆能夠在一起。我就告訴那位從前和我談話的女宣教士。她聽了說：「現在你們的靈命已經較前長進，你們可以在一起了。」這時我才知道，神是要我學順服的功課，而要本立學信心的功課。剛開始的時候，本立用自己的方法想使我回心轉意，但神責備他，要他把我交給神。當他放棄人的方式後，神才把我賜給他。

　　婚姻成功的祕訣是：知道兩人結合為夫妻是神的旨意，因為知道是神所配合的，不管怎樣也不會瞎猜，疑心是娶錯或嫁錯了人，自然也不敢離婚。到本立被主接去時，我和他度過了四十五年美好的婚姻和家庭生活。這是後話了。

　　本立家並沒有錢送他去台灣大學讀書，他畢業於台南二中。畢業時是班上第一名，得到台大的獎學金，他也替人補習得到一些零用錢維持生活。

　　他母親是一位老師，有一個弟弟治平，一個妹妹林玲。父親林蘭箴先生尊崇孔子，那時我也有機會向他父

● 林本立牧師父母：林蘭箴與易偉英夫婦。父親林蘭
箴任職於空軍，母親易偉英是小學老師。

● 弟弟林治平和張曉風是大學同學，之後結為夫婦。

● 林治平與張曉風夫婦全家福照。左一為長子林質
修，右一為女兒林質心。攝於林質修在美國取得
博士學位的畢業典禮當日。

親傳福音，但他認為他遵守孔子儒家思想的教導就已經夠好的了。他們住在台南二空眷村。感謝神，他父親終於願意去台南浸信會參加崇拜，後來受浸歸主。當時他的弟弟林治平屬太保型少年人（所謂不良少年），結果本立帶他信主後，整個人完全改變了。及長完成學業和張曉風女士結婚，之後又成立了宇宙光出版社，係一非營利機構，出版很有分量的書和《宇宙光》雜誌。他在那裡擔任義工幾十年，負責社務。張曉風是位出名的女作家。他們有一兒一女。感謝主，他們的生命影響了許多人。他妹妹林玲和妹夫江肇強也信了主，在教會中熱心事奉！

最後信主的是他母親。她喜歡打麻將，鄰居三缺一時，總是找她。她認為信了耶穌之後就不可以再打麻將了，所以一直不肯信。後來她看見我們這些後生晚輩信主後的奇妙改變，終於也信了。信後對麻將失去興趣，自動放棄不再打麻將了。主耶穌的愛改變了本立一家的生活和各個成員的生命！

● 林本立、林治平兩兄弟，同心事奉主！

● 林牧師妹妹一家。

# 踏上蒙召的道路

# Chapter 06

# 「我在這裡！
# 請差遣我。」

結婚前，我在學生中心服事了三年。一天弟弟來看我。他告訴我，父親打算讓我以後可以常住家裡，作為給母親的生日禮物。不過有個條件：不許向他傳教或談耶穌。我很高興，終於可以讓他看見我的生活是如何地不同了。

回家六個月後，本立向我求婚。隨後本立向我父親提親，他答應了。中國的習俗是所有婚禮的費用由男方付，可是本立的父親是國家空軍裡的一名文職人員，任會計師，薪水低，根本負擔不起這個婚禮花費。為了歡慶我們的特別日子，我向一位宣教士借了婚紗來舉行婚

禮。通常，參加婚禮的來賓都會期待有個喜筵，可是我們口袋裡只有三十塊錢。然而憑信心，我們請了一百位賓客。婚宴結束後，我們得了許多禮物，大部分都是現金。這些收到的現金不僅夠付婚宴費用，也夠我們度了個蜜月。

本立求婚前已經大學畢業，得了土木工程學位，並且很快地受聘於沖繩島的某一單位，擔任土木工程師。可是那時要離開台灣很不容易，得向政府許多不同單位申請出境許可。我們別無選擇。我懷著我們的第一個孩子時，本立先去了沖繩島。我也試著申請一份出境許可證，但是手續繁複，辦起來很困難。我得面對那些官僚和甚至不清楚發放許可證的業務員的刁難。冤枉走了許多路，從一處到另一處很是勞累，導致我流產，失去了我們的第一個寶貝。

終於，1958 年我拿到出境證去沖繩島與丈夫團圓。他在美國政府的火箭基地工作。我們很想去聚會參加當地教會崇拜，可是島上找不著任何中國教會，所以

● 林本立、張嘉禎在主裡連結。

● 1957年6月25日結婚。左一、二是本立父母，
左三是伴郎提摩太，中間是林本立、張嘉禎，
右三是伴娘余祐培，右一、二是張嘉禎父母。

● 年輕的我和夫婿林本立，
1958年初到琉球沖繩島。

去了一所美軍小教堂，遇見兩位遠東廣播公司的宣教士正在門口招呼來聚會的人。我們自我介紹後，發現其中一位宣教士凱波是電氣工程師，另一位奧斯汀則是建築師。他們問本立在島上做什麼工作。本立告訴他們，他是美軍火箭基地的土木工程師。聽了以後他們好高興，因為遠東廣播公司正在計劃進行架設一座向中國廣播的中波電台，正缺少一位土木工程師。

當時，中國還很封閉，沒有人能夠進出。這竹幕很是密實。雖然大部分的聖經被焚，多處教堂被拆毀，但是宣教士告訴我們這竹幕可是沒有「穹頂」的，所以遠東廣播公司能夠向中國廣播福音。我丈夫對他所聽到的這事很興奮。他一直以來祈求上帝使用他傳福音。於是他說：「我願意當義工，幫忙建這座電台。」

我的丈夫，一位土木工程師，設計了一座可以抵擋颱風和地震的建築物。兩年後計劃完成，可是他們缺一位土木工程師來建設這座電台。於是我丈夫和他們禱告祈求能有一位土木工程師加入他們。一天，主問

我丈夫：「你是做什麼的？」本立說：「我是土木工程師。」主問本立，你既是一位土木工程師，為什麼還祈求另一位土木工程師加入遠東廣播公司？

主向本立說話是藉著以賽亞書裡的經文，說到人滅亡下地獄是因為他們不認識上帝：「所以，我的百姓因無知就被擄去；他們的尊貴人甚是飢餓，群眾極其乾渴。故此，陰間擴張其欲，開了無限量的口；他們的榮耀、群眾、繁華，並快樂的人都落在其中。」（以賽亞書5:13-14）

於是我丈夫對主說：「我在這裡！請差遣我。不過我有很多不能成為宣教士的原因。」

第一，他父母曾告訴過他不可以當牧師或宣教士，因為他們家境一向窮困。父母需要本立的經濟支援，弟妹們的學費也需要他的資助。第二，遠東廣播公司（以下簡稱遠東）的宣教士，其薪金要自己去籌。而在沖繩島，我們完全不認識任何能夠支持我們的人。第三，遠東的成員都是美國宣教士，並沒有任何亞洲宣教士在那

兒服事。我們擔心高層不會接受我們的申請。另一個緊迫的問題是當時我正懷著孩子。為了照顧嬰兒我們會需要更多的錢，怎麼可能轉進低薪的宣教工作呢？

我們跟主說如果祂要我們成為宣教士，祂得幫我們解決這些問題。主藉著答應我們的祈求證明祂是活神。首先，本立得給父母寫信報告他的決定。我們很驚奇，他們竟然回信說如果上帝要我們當宣教士，那就當吧，祂會供應我們的所需。

不久，「世界展望會」創辦人鮑伯·皮爾斯（Bob Pierce, 1914-1978）來到沖繩島。有人把我們以及經濟資助匱乏的情況告訴他。鮑伯·皮爾斯說世界展望會願意每個月資助我們二百美元。遠東廣播公司創辦人羅伯特·鮑曼博士（Dr. Robert H. Bowman, 1915-2014）飛來島上和我們面談，很快我們就被接納成為宣教士。主竟是如此解決了我們的問題！我們知道即便我已經懷了孩子，祂必供應我們一切所需用的。1959 年，本立辭了火箭基地的工作，加入遠東成為他們的第一位中國籍宣教士。

● 遠東廣播公司創辦人鮑曼夫婦。

● 1959年，我和林牧師奉獻成為遠東
廣播公司第一對華人宣教同工。

● 1959年奉獻加入遠東廣播公司，總裁及創辦人鮑曼博士面試
我們成為他們的宣教士。

遠東已在島的北部租了一塊地。本立加入遠東後的第一份工作是去島的北邊測量勘查地形，建立電台和廣播電塔。我們探知在那個時期上海是中國人口最密集的地方，於是決定朝那個方向定向發射電波。我們打算建四座廣播天線塔，但是本立勘查土地後，發現那地不平坦，都是丘陵。然而我們已經付了地租，再沒有餘錢整地了。

　　當時，沖繩島為美國軍方所託管，所以有美軍在那兒進行越戰訓練。上帝感動遠東宣教士們的心，告訴他們該去見見某軍事單位的一位將軍。連絡後，將軍答應讓他們去談談。宣教士們和我的丈夫懇請將軍幫忙移動山陵，剷平土地，這樣他們才能立起天線塔，向上海乃至全中國作無線電廣播。將軍很痛快地答應，並說他會派海軍陸戰隊隊員們開推土機剷平土地，這樣也可以幫助訓練他們在越南森林裡的建築施工。

　　果然在我先生回到島的南部時，來了許多海軍陸戰隊隊員，當時我們只要求他們剷除兩座小山，結果他們

● 林牧師在沖繩設計福音電台。

● 林牧師在沖繩島北部為遠東中波電台
　「福音之聲」施工。

● 遠東在沖繩島所建的兩座向美軍和當地
　琉球人播放的KSAB電台。

● 遠東在沖繩島北部建立的向中國廣播的
　強力中波電台KSBU。

連第三座山也剷平了。本立再回到北部時，看見一片平地，馬上可以建立四座廣播天線塔，對準上海，毫無攔阻地把電波送過去！聖經上耶穌說：「我實在告訴你們，你們若有信心，像一粒芥菜種，就是對這座山說：『你從這邊挪到那邊』，它也必挪去；並且你們沒有一件不能做的事了。」（馬太福音 17:20）

● 在沖繩島大錄音室製作「你心愛的詩歌」節目播向中國。

上帝在我們家也行了神蹟。我們的第一個孩子存智是在美軍醫院出生，生產費全免。後來，我懷第二胎女兒存慧時，那所軍醫院有了新條例，因為我們不是美國人就拒收我們。我們去了唯一說英語的基督復臨安息日會醫院。醫生只收了四十美元的生產費。

兩年後，懷第三個孩子存恩，我們存了一百美元作為醫院開銷。但最後總開銷是二百美元。本立不願意欠款，於是我們禱告並且不告訴任何人我們經濟上的難

● 抱著大兒子存智，站在英文和日文電台招牌下。

● 大兒子存智剛滿一歲，
　看，他父母多驕傲。

● 唯一的女兒存慧是爸爸的寶貝。

● 小兒子存恩一眨眼已是六英呎二英吋的
　男子漢。

● 小兒子存恩快樂地騎著他的小腳踏車，
　神供應了他出生的醫院費用。

● 林牧師購買了美軍戰後的一間鐵皮屋，加個前門就成為華人的
　琉球基督教會。

● 趙世光牧師到琉球教會為弟兄姊妹開奮興佈道會，為接受主的
　人施洗。

處。我們所設立的華人教會裡的周長老發現我們的需要。他原本就是位經常奉獻的人，每個月都來遠東廣播公司把一筆奉獻款交給本立。這次，他來了，他要本立打開信封。裡面有二百美元，他說一百美元給遠東，另一百美元則給本立個人使用。這讓我們可以立刻付清醫院帳單。上帝真的及時供應我們的所需。

當初沖繩島並沒有中國教會，我們也只認識一對從台灣來的陳明昊夫婦和他們的三個女兒。於是我們決定用我們的客廳開始主日崇拜。後來又認識了從菲律賓來的周伯達長老。慢慢地參加的人數擴增，我們的客廳已坐不下了，可是我們又沒有錢可以蓋禮拜堂。

當時沖繩島受美軍託管，他們有一些圓形的鐵皮房子很便宜地出售。本立就去買來，並買了一塊地。他用土木工程的技巧，改建鐵皮屋成為教堂，命名為「琉球中華基督教會」。島上的華人多半是做餐館或是替美軍做西裝的，當時約有一千個華人。

教會選出五位同工管理教會的事工，我也是同工之

一。幾位弟兄分別講道。我主要的工作是帶領姊妹會和青年團契，後來又帶領詩班再加上探訪小組。因為那時我們已有三個孩子，所以好忙。我們同工鼓勵教友關懷宣教，每個月第一個禮拜的奉獻全部支持宣教事工。神賜福教會，在我們離開沖繩島時已經有七十多位教友了。

我母親本是非常虔誠的佛教徒。在我沒離開台灣去琉球之前，也曾有機會向她傳福音，可是她拒絕聽我講，她說她怕聽地獄，雖然我告訴她信主後有永生不會下地獄，她仍然不要我向她傳講福音。

去了琉球幾年後，有一天我收到她的信 ，「我試了你的神，祂果然是真神。」原來她碰到經濟問題，求了菩薩，但菩薩沒有替她解決，她告訴我「在走投無路時，向你的耶穌禱告」。主果然替她把問題解決了。她就去家附近的靈糧堂，在那裡接受主並且受洗了。她也帶領了我的弟弟嘉蔭信主！甚至不信耶穌的父親也說，所有基督徒都是假的，唯有你母親才是真的。

● 琉球沖繩中華基督教會青年人退修會。我是他們的導師。

● 初期琉球沖繩中華基督教會的會友。

# Chapter 07

# 異鄉朝聖客

本立領工，蓋好無線電台後，我們開始向中國廣播。原以為會從中國收到回應信件，可是廣播了多年，我們連一封信也沒收到。我們並不知道那些年間其實有成千上萬的人在收聽這個電台的福音廣播節目。這是後來我們才知道的，因為有天一位剛從中國到此地的女士，來到教會聚會時，說到這回事。我們關心地問：她是怎麼從中國出來的，在那時候幾乎是不可能的事。

她原本在福建省參加倪柝聲弟兄牧養的知名教會。中共執政後，倪弟兄被下在監裡，沒人再敢在他的教會裡聽道。沒多久後她收聽短波電台，聽到來自馬尼拉的

廣播以及我們在沖繩島的中波廣播。所盼的那天終於來臨，她有機會藏在一條小船裡逃到了香港。她和一位美國人成婚後，來到沖繩島。她告訴我們別氣餒，多做主工，雖然收聽福音廣播早已遭到當局禁止，但仍有許多人偷偷地聽我們的廣播節目。

1964 年，世界展望會終止了對我們的資助，因為新來的領導不認識我們。我們不知道該怎麼辦，也不知道該去哪兒募款。沖繩島的主任傑克·藍茨建議我們去趟美國，總部當會安排我們的行程，與主內肢體交通並募款。

1965 年，我們來到美國。台灣和沖繩都是小島，而美國幅員卻非常廣大。我們不知道該去哪兒，但是有些熱心的宣教士介紹我們去拜訪他們分別在佛羅里達、蒙大拿、俄勒岡和華盛頓特區等地各自的母會，或能得些幫助。

要探訪那些四佈在各州的教會，我們得開車行駛數千哩路程。期間曾為了參加東岸的一次聚會，我們從洛

● 1965年，初次到美國，唯一支持我們的
　美國教會長老來接我們。

● 一家五口剛到美國時，小兒子存恩兩歲半，女兒存慧四歲半，大兒子
　存智五歲半。

杉磯連續開了五天多的車，身體當然異常疲憊。來美國這九個月的時日，對我們一家來說，真不容易。除了遠東總部少數幾個人外，全不認識。對這片廣袤土地更是陌生，正所謂人生地不熟，心裡也是毛毛的。

再者帶了三個還小的小孩更是不容易，老大存智不到六歲，女兒存慧不到五歲，而小兒存恩只有兩歲多。總部把我們安排在著名的墓園「森林草場」（Forest Lawn，今名為福樂紀念公園）旁邊的宣道會宿舍。這地方離總部辦公室的北邊約四十哩。

本立第一次開車去總部，在公路上開時速五十哩，他老是覺得警察會抓他，其實那公路時速上限為五十五哩，由於沖繩島最高限速是三十哩，所以他才會有那種感覺。回程時，看到五號公路他就開上去了。他開了一小時還沒有到，而且覺得路邊的景象不同。原來他開錯方向，應該上五號北，他卻上了五號南。這是第一次知道高速公路有南北之分，萬不能搞錯，否則還真是南轅北轍了。

從總部拿到一輛舊車，擋風玻璃上的雨刷是斷的，碰到下雨天我得彎身用手去拉送，幸好下雨天不多。

　　第一個聚會是在費城，離洛杉磯將近三千哩，而我們只有五天時間必須開到，也就是說每天必須開六百哩，不休息也要開十小時，加上休息、吃飯，所以得清晨天一亮就上路，晚上天黑才能找汽車旅館。為了找便宜的旅館，往往在小城來來回回開上半個小時。

　　三個孩子因為小，在車裡坐不住，老是問什麼時候到，最後學會不到天黑就不會到，他們也就不再問了。這五天，中午停在公園吃三明治，晚上有時用公園的烤火爐烤肉。住旅館時就自己做，我們帶了一個電鍋，實在想吃中國菜時，放一些香腸在電鍋裡一起煮，當然香味四溢，還好旅館的人沒有來干涉。其實這九個月不住在教友家時，都是如法炮製。那時老美市場沒有豆腐可買，想買薑、青葱也必須在有中國人的城市，如紐約、芝加哥等城才能買到。幾十年養成必須吃米飯及中國菜，幾天沒有得吃，腸胃就受不了。

● 1965 年第一次到美國，為籌募經費去各教會，走了九千多哩。
公園就好像我們的家，常常野餐。

● 好冷呦！第一次見到下雪。

經過華府時，現金用完了，那時我們沒有信用卡，又找不到銀行，怎麼辦？想到有一位周主培牧師，他曾經來沖繩的華人教會講過道，給了我們一張名片，他就住在華府，去找他吧！出高速公路時，地上結冰，我們從來沒有在冰上開過車，轉彎時本立一腳踩在煞車上，車身馬上不由自主地轉了一百八十度的彎，那種感覺真是可怕極了。後來才知道在冰上不可以把煞車踏得太快和太急。好不容易找到周牧師，他笑容滿面地招待我們，並為我們做了一頓極美味的中式晚餐，也為我們兌了支票。

　　那時候還沒有全球定位系統，我們又是初來乍到，搞不清門徑，有些地方明明是同一條街道，卻分成不同的街名，使我們找教會變得相當困難。好不容易五天後開到了。我們以為教會會招待我們吃晚飯，但牧師對我們說，教堂對街有賣熱狗的攤位，你們可以去買來吃。聚完會以為教會會接待住宿，然而他們指引我們去住旅館。住旅館得自掏腰包，其實我們並沒有多餘的錢付旅館費。

還有一次是我們參加在賓州蘭開斯特教會舉行的大會，有一百多位宣教士與會。主席見三個孩子與我們同來就問：為什麼帶他們來，大會是不接待孩子的。有位醫生聽見他所說的，就義務幫我們照顧孩子，後來這對牙醫夫婦成為我們多年的生活支持者。

　　神真是憐愛祂的兒女。現在容我插句話，說說接受教會弟兄姊妹招待住宿的經驗，很有意思：

　　在紐約州北部有一對牧師夫婦招待我們住。午餐時間過了許久，也不見有食物的蹤影，小孩餓了就不停地叫著要吃。後來我們終於忍不住對牧師說，要不要做中國菜給他們吃，他們說：「好呀，我們喜歡吃中國菜。」到了晚飯時也沒有動靜，我們沒有問他們，就做了中國菜給大家吃。所以，客氣是美德，但也有溝通不足的後遺症。

　　又有一次，有一家人把我們放進旅行的拖車裡，車裡居然沒有暖氣，我們很擔心小孩們會吃不消。那晚真是把我們凍壞了！但神有特殊的恩典，保護我們一家

人，並沒凍出病來。除了謝恩，就沒什麼說的了，宣教士當有受苦的心志。

還有一次聚完會，牧師把我們一家放到青年人運動的房間裡，那裡根本沒有床和蓋的東西，只有一些裝滿豆子的圓椅。還好我們在佛羅里達州，天氣不冷，然而那晚我們都沒有睡覺，心思泉湧，但仍有喜樂。結果本立帶我們去迪士尼樂園在五星級酒店住了一晚。雖然很貴，仍是值得。孩子們到今天都沒有忘記神也讓宣教士享受的事實！

在九個多月裡，招待我們的多半是年紀大的夫婦，家裡有很美但又很容易打破的裝飾品，我怕孩子闖禍，就不停地叫他們不要摸，不要碰，這使我神經緊繃，一刻也不能放鬆，對我來說，這是個很不一樣的經歷。

在紐約州時，有一位好心的牧師為我們在他附近安排了一連串的聚會。我們發覺有對年老的夫婦每一次聚會都來。由於在聚會中我們都會放同樣的幻燈片，講一樣的見證，就覺得不好意思，因為覺得他們每次都聽到

同樣的信息。

最後終於我們忍不住了，就問他們，為什麼每次都來？他們反問：「你們到底要什麼？」我們說需要經濟資助。他們說：「啊！原來如此，為什麼不直說呢？」後來他們成為我們忠心的支持者。很多宣教士都會有這困難，認為要求別人支持是向人討錢而難於啟齒，這種心理並不正確，也不合乎聖經。

哥林多前書九章 14 節，保羅說：「主也是這樣命定，叫傳福音的靠著福音養生」。有一次，遠東的副總裁在我們見證完了向會眾說：「現在神要給你們一個機會，與這對年輕夫婦同工。支持他們，是神給你們的福氣！」聽了他這番話，突然開了我們的眼界，原來：告訴他們我們的需要，並不是向人乞討，乃是給他們機會和福氣。從此以後，我再也不會因為請主內肢體支持而感到不好意思了。

我們來美募款，在路上不停地奔波了九個多月，從西到東，又從南到北，開了好幾萬哩的車程，幾乎整個

美國都被我們跑遍了！可是沒募到多少款，於是決定返回沖繩島，免得耽誤工作。我們一回到沖繩，經濟支援反倒開始逐漸流入。原來是因為：有些人誤以為我們不會再回亞洲，所以他們等著看我們真的回來了，才又開始支持我們。

1965 年，我們去美國時，比我小兩歲的弟弟也正好經過舊金山，去阿拉斯加大學進修，神讓我們在舊金山有機會碰面。他有些朋友在舊金山餐館打工，勸他留下來，他也不想去阿拉斯加讀書，想就留在餐館打工，我勸他還是去讀書。

現在回想起來，一定是神的意思讓我們同時在舊金山，能夠見面。後來他聽話去了阿拉斯加讀書，畢業後留下來工作，並且在那裡成立了華人基督徒團契，進而建立華人教會。如果他留在舊金山，阿拉斯加可能就不會有華人教會了。我的弟妹雅琴不但是弟弟的賢內助，在教會事工中也是不可少的幫手。他們共有四個女兒，弟弟、弟妹一直住在阿拉斯加。

● 我弟弟嘉蔭和雅琴有四位美麗的千金。

● 一家人為了父親修完了神學感到高興！

● 為鄰居小朋友開辦「好消息」俱樂部。小兒在俱樂部中接受了耶穌！

感謝上帝，我們有了足夠的資助，得以留在沖繩島並持續服事，在沖繩島服事了十二年。孩子們也都在說英語的基督教學校接受教育。直到 1969 年，得回美國探訪那些長期支持我們的教會及個人。該是離開沖繩的時候了。

本立原是專業的土木工程師，覺得更該在神學上多下工夫，所以計劃花一年的時間研讀聖經。遠東總部贊同這個計劃，而我們這時正好看見一間房子上有個招貼，介紹位於俄勒岡州的摩爾諾瑪神學院。本立開車到了俄勒岡州，註冊了一年的速成班。這間神學院在俄勒岡州波特蘭市。當時我們租了一間公寓，在舊貨店買了所需的簡單家具，為孩子在附近小學註冊，我也在神學院修讀一些科目，生活相當忙碌。

公寓裡有幾十戶人家，當中有不少小孩。到了放學的時候，孩子們就在院子裡面玩。我覺得這些小孩很需要耶穌，所以開辦了一星期一次叫做「好消息」的俱樂部。每星期都有不少的小孩來參加。他們來聽故事、唱

歌，而且有點心吃。有些小孩就接受了耶穌做他們的救主。最感謝主的是，我最小的孩子存恩也在那時接受了耶穌做他的救主！

在神學院裡，我們認識了一對日本夫婦，他們家裡有聚會。因為我們會說一點日語，所以也就參加了。有一天，他們帶我們到他叔叔的農場去。我們看見他叔叔有好多蘋果樹，不少蘋果落在地上沒有人要，覺得實在太可惜了，因為在沖繩島買一個蘋果要不少錢呢。他的叔叔送我們許多蘋果，我們就放在公寓外面院子的水泥地上，因為天氣冷，這些蘋果讓我們吃了一個多月。對我們來說，這是一些很不同的經驗。

本立於 1971 年神學院畢業，我們被總部差派到一個新的服事工場——香港遠東，擔任地區主任。他是第一個在那兒工作的中國籍主任。剛到香港遠東辦公室時，發現同工之間有許多的問題，比如說，節目部的人做節目需要用錄音帶（那個時候我們還用錄音帶），而管理錄音帶的技術人員卻把錄音帶鎖起來，不讓他們用。

● 遠東廣播公司總裁及創辦人為
　林本立弟兄按牧禱告。

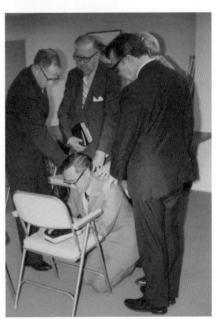

● 神學院畢業後，眾位牧者按立
　林本立弟兄為牧師。

最嚴重的是，做公關的負責人聯合了一些同工，在外面宣傳說遠東做的節目不好，沒有用。當時我們不知道該怎麼辦，只有禱告。我和林牧師每天都為怎麼解決這些問題而禱告，因為我們也不想開除同工。結果神又聽了我們的禱告，這團體中一位主要的同工因為要生孩子就辭職了，其他的同工有些要去美國讀書，有些要結婚，自然而然地這個反對的團體就解散了。

　　因為公關的同工辭職了，我就接替他的工作。我常常去各教會介紹遠東廣播公司，而這些聚會多半是在晚上。記得有一個晚上聚會結束後，我乘巴士回家。香港巴士多半是兩層的，下面一層人較多，因為要上樓梯，所以樓上一層坐的人比較少。那天我決定到上面一層。巴士開了一段路後聽見下面有人大聲說：「不要動，把你們的錢拿出來！」原來車上來了幾個壞人，拿著小刀搶劫，當時我皮包內有教會給遠東的奉獻。我心中暗暗地禱告求神保守祂自己的錢。結果這些人沒有上第二層來。感謝主的保守，使我有驚無險！

總部在星渡輪區租了一間錄音室，月租一千美元，在五十年前那可是一筆天文數字的租金，本立建議董事會說我們還是買一棟建築吧。當時遠東沒錢，凡聽見本立這麼說的人都取笑這個聽來愚蠢的主意。可是我們有信心。我們開始告訴大家這個需要。中國基督徒也開始捐款，讓我們買一個地方，就不再需要付昂貴的租金了。關於購買大樓的事情，在這本書的後面你會看到林牧師親自告訴你的故事，我就不多說了。

1970 年在美國總統甘迺迪任內，琉球歸還了日本。日本政府不准許外國人在他們的土地上設立電台，於是遠東的三座琉球電台，除了日語電台歸本地同工管治外，其他兩座都關閉了。遠東總部在韓國的濟州島買了一塊地，就把向中國廣播的電台 KSBU 的器材、天線塔拆下，運去濟州島。

當時缺少經費，林牧師覺得雖然香港遠東正積極地籌款買樓，但也應該顧到電台的需要。於是我和另外兩位同工組織了一個三重歌唱隊去美國籌款。我們三人去

● 在香港時期，我們三人為了濟州島電台的建立，到美國教會中分享。
左：我。中：Naty Tan。右：葉弟兄（Eddie）。

了許多美國教會，雖然籌到不少奉獻，但對電台巨大的需要不過是杯水車薪。

於是林牧師又在歐洲安排了一連串聚會，他帶了三位同工和我去了許多國家，主要是在挪威。因為在挪威有許多禱告小組非常關心中國，他們邀請我們在挪威各地的禱告小組中分享。我們在挪威共一個月，奇怪的是，早餐、午餐及晚餐都吃乳酪和麵包。我們吃到怕了，難道挪威人不吃別的嗎？後來才發覺原來招待我們的人，不知道中國人吃什麼，就問我們的翻譯員「老虎」，他見我們第一餐吃的是乳酪和麵包，當別人問他我們吃什麼時，他就回答是乳酪和麵包。

有一天我們到了一個地方，那裡有一間中國餐館。餐館主人聽說我們是中國人高興極了，就請我們吃飯。當然我們也好高興有中國菜可吃。那位主人高興地直說好久沒有看到中國人了。後來我們把握機會向他傳福音。

林牧師覺得我們已為濟州電台盡了分擔的本分，於

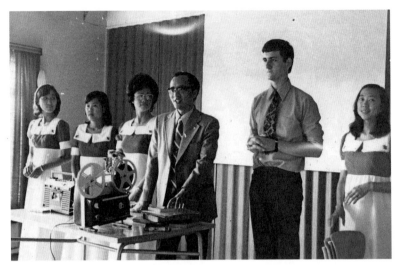

● 林牧師為濟州島電台募款，帶我們四個人到挪威一個月。挪威翻譯員
「老虎」害我們一天三餐都吃乳酪和麵包！

是就集中精力為香港遠東買樓籌募經費。

　　那時，從中國來的信件寥寥無幾，有個叫傅友楠的

年輕人來到錄音室找「良友電台」。良友是遠東在菲律

賓向中國廣播的短波電台台呼。我們告訴他：電台不在這兒，不過大部分的節目都是我們製作的。他講了一個令我們非常振奮的故事，就是他在中國的時候，如何一直收聽這個電台，並深受信息的激勵。

這年輕人抱著一顆籃球，從廣州游過大海抵達香港。他說很多人收聽我們的節目，但信件無法寄到國外。我跟友楠交通，問他是不是基督徒。友楠說他不知道如何能夠成為基督徒，但是他要認識主。我把他帶到主前，與他一起禱告，他清楚地認識了主，後來成為我們的同工。

電台廣播需要用適合當地社會、文化的語言，製作內容得融入中國國情。只有在中國住過的人，才能告訴我們：什麼適合中國人的需要。因此，你必然能明白，友楠在這方面給我們的指導有多麼大的助益！

本立和我在香港服事了四年，一切均已上路，有了一定的規模，算是告一段落，是時候該回美國了。

# Chapter 08

# 建置家業

我們於 1974 年回到美國，本立決定要在加州的聖荷西州立大學進修，獲得工商管理碩士程度的才能，因為他在遠東的工作已涉及管理層面。他必須培養出如何管理人事和財政的能力。我們在那兒待了兩年。

我們初到聖荷西時，試著要租一間公寓。可是大部分房東都不願意租給我們，因為我們有三個孩子——存智、存慧和存恩。房東們都認為一間公寓擠一家五口，人太多了。我們從早到晚開著車四處轉，可是找不到一間可以租的房屋。

後來我看到一個複合屋上的廣告說，「買得起，何

必租？」那房子是全新的，賣兩萬九千美元，首付只要百分之三，其餘的百分之九十七靠貸款。如果我們租公寓，得先付第一個和最後一個月的房租，外加一筆清潔押金，算來也不少。

本立說：「那複合屋一定是個花招。」我回答：「不管是不是花招，我們去瞧瞧吧。」結果是真的，他們只要我們付百分之三的首款，其餘都可貸款。我們合計了一下，這百分之三的首款相當於租公寓所要付的租金，這是划得來的，何不買下？

我們付了買房首款，他們當晚就讓我們搬進去住了。雖然我們只能睡在地板上，但至少有了一個可安身的地方。我們沒有足夠的錢付每個月的貸款，不過遠東總公司告訴我們，他們可以借錢給我們。

我們在聖荷西的複合屋只有兩間臥室，一間給本立和我，另一間大的給三個孩子。本立做了一個書櫃隔在兩個男孩和存慧當中，讓她有自己的空間。

在聖荷西的時候，三個孩子都去上學，本立也每天

都在學校裡，當時我們的經濟很拮据，我就決定要找個工作。拿起報紙，看到一間公司要找一個工作勤快，喜歡工作的人。我除了在遠東廣播公司做節目和在教會服事之外，結婚後還沒有工作過。所以可以說是沒有工作經驗，但我仍堅持去應徵。他們也聘用了我。

這是一間替人做百葉窗和窗簾的公司，在聖荷西有一辦事處。我的工作就是接電話和招待走進來的客人。可是這間辦事處進來的客人很少，電話也很少。除了我，還有另外一個推銷員，他每天在外推銷，只剩我一個人在。

每天無所事事，覺得很無聊，做了一年後，有一天經過機場附近一家新開的銀行，我告訴本立，我進去問問看他們要不要僱人。走進去之後，主管除了問我一些問題之外，要我馬上做一些心算的問題。還好那時我的心算不錯，全部都答對了，於是他們就僱用了我做出納員。

那裡的工作很忙。有一天，有部車開到兌錢的窗口，開車的就遞給我一張支票要兌現。我看了他駕駛執照上的照片，和他本人的樣子完全不同，而且他的簽名

● 我們三個孩子 1974 年在聖荷西受浸。

● 我在聖荷西的第一個職業：百葉窗的售貨員。

也和電腦裡的不同，我就告訴了主管。結果主管發現這個人是偷了別人的支票來兌現的。因著我的仔細小心沒有兌現給他，後來銀行還發了一張獎狀給我！

那時候，我們持中華民國護照。我總是很驕傲地說我是中國人，沒有必要成為美國人。可是總部的一位主任說：有美國公民身分比較方便，持中華民國護照去其他國家會有困難。其實，為了在美工作需要，我們已經申請了居留證。可是在美國的時間還不夠長，所以不夠條件領證拿綠卡。

但我們蒙准報考公民，因為是為美國公司工作的緣故。本立和我遠赴舊金山考試，通過後成為美國公民。後來，孩子們也成了美國公民。無所不知的主知道我們所要面臨的是什麼。我們哪知道有一天會去新加坡，若仍持中華民國護照，我們絕對無法入境。

本立大學主修土木工程，現在得學不太相關的工商管理課程，況且年紀也大了，實在是不容易。他必須通過期終考試，聖荷西大學才能頒發證書給他。他非常用

● 本立日夜不停地攻讀。

● 辛苦攻讀了兩年後，終於在聖荷西州立大學拿到了他的
MBA商業碩士。

功。快到期終時，他不回家，就在大學附近租了一間房為要專心學習。他說如果此時沒拿到證書，就很難再回頭去讀書了。

本立拿到工商管理碩士學位後，我們遷往靠近遠東總部的拉・米拉達市（La Mirada）。賣了複合屋有點錢，也該是換座獨棟房屋的時候了。我禱告說：「主啊，我們是宣教士。我們的孩子一定認為：當宣教士就意味著非常、非常貧窮。下一個房子，我要每個孩子都有自己的房間。祢能否讓我們買到有四間臥室的房子，如此他們就知道：事奉祢，意味著他們仍能享受生活！」我們幾乎用盡了所有的錢，買下了一座獨棟房屋。

當時本立以為他會在拉・米拉達的總部上班。結果，事與願違。他有些挫折感。本立後來去了塞班島，遠東正在那兒建一座電台。他花了三個月的時間，用他的土木工程知識幫忙建造。施工期間，他們必須砍掉高高的雜草。令人吃驚的是，在草叢中，他們竟然發現未爆炸彈、手榴彈等等。上帝保守了所有在島上工作的宣

教士，並沒發生意外。

　　本立終於回到拉‧米拉達，並且接到遠東的指示，派他去新加坡那座小島。新加坡對於誰可以居住在那兒，非常嚴格。我們在那邊可以製作節目，向中國大陸廣播，三個孩子卻說他們不要去新加坡，因為他們已經換過太多學校了。新加坡僅有一所大學，名額有限，入學非常困難。事實上，新加坡很多年輕人在他們的名片上面印著：「大學錄取，等候入學。」

　　本立有牧師和工商管理碩士學位的證書，因此我們的簽證申請被接受了，但是還得等審批。到了八月的時候，孩子們一直問：「我們和你們一起去，還是我們可以留下？」我禱告：「主啊，我不想離開孩子。他們都還是青少年，他們需要我的照管，如果我和他們分開兩地，就沒人照顧他們，遇到危急，也沒人能及時伸出援手。」

　　我又說：「主啊，我們已經等了近八個月了，但是還沒收到簽證。如果到八月底還沒收到簽證，我就不跟本立去新加坡。」結果，到八月底我們得到通知：簽證

● 終於在離遠東總部不遠處，買了這四房的屋子。
自此，孩子們才有一人一個房間。

● 看，爸爸媽媽就要上機去新加坡了。我們的孩子來送機，卻一點也不
悲傷，使我放心不少。

終於批准了。 這意味著我得離開美國了。

　　事情發展到這一步，我們必須在一個月內，也就是趕在新加坡簽證過期之前，把房子處理掉。怎麼可能在一個月內賣掉房子？當然是賣不掉的。所以我問鄰居，如果我們把房子租給別人，他願不願意幫忙照看這房子。鄰居同意了，我們也每個月付他三十美元做為酬勞。一年後，鄰居搬離了，也就是說：沒人再照看這房子了。更多關於房子的事，容後再敘。

　　主給了我們簽證之後，對於把孩子從美國帶到國外的這件事，我禱告並且在教會主日學裡提及這個想法。主日學班上有個人來跟我說：「我認識一對夫婦，他們是基督的工人，我相信他們願意看顧你的孩子，我去問問看。」

　　後來他回電話說：這對夫婦願意照顧兩個大的，存智和存慧，他們沒有房間可容下第三個孩子。我又禱告，傍晚時分，我們教會的師母來電話說：她願意收留老三存恩，因為他們的兒子與存恩同歲。我們十分欣

慰，主為孩子們都找著了家。

　　雖然上帝已經安排了三個孩子的去處，可是在我心裡仍有疑慮。我該留他們在此嗎？他們畢竟還是青少年。何況那時嬉皮之風正盛，到處都是嬉皮。如果他們被引誘嗑藥，甚或變成嬉皮，那怎麼辦哪？但是主對我的心說話。祂說：「我會好好看顧他們，因為你所做的是在我的旨意之下。」我立即想起：以往主如何一直回應我們的祈禱。於是我信心大增，也卸下了我的憂慮。

　　跟孩子們說再見，真是十分不捨。在機場時，我的心情很沉重。但是當我仔細看他們的表情，他們似乎還蠻快樂的！對於分離，他們調適得如此之好，以至於我們雖然遠隔重洋，他們卻不那麼想念我們。

# Chapter 09

# 美國到新加坡

從美國到新加坡很遠,得在空中飛行十六個多小時。我們到達新加坡後,發現這是個乾淨漂亮的小國家。機場裡蘭花陳列,到處有綠樹和美麗的鮮花。從機場到都市,你見到的是一條條兩邊花團錦簇的高速公路。可不盡讓人滿意的是當地又熱又濕,不像加州的乾燥氣候,新加坡每天下雨,當然空氣就變得很潮濕。

我們在都市裡的小山丘上找到一間公寓居住,離辦公室不遠。辦公室樓房沒有電梯,我們得爬四層樓上班。這個辦公室原是棟住宅,有一個大客廳,兩間臥室。大客廳用做同工辦公室,一間臥室做控制室和錄音

室，另一間房則是給主任劉先生用的。同工的大客廳沒有空調。本立把陽台圍起來做他的辦公室，裡面裝了個小冷氣機。我和同工們在大廳，簡直熱得受不了。

我看見製作節目人員竟然拿使用過的回收紙寫廣播稿！他們沒有使用適合書寫中文，我們稱之為「稿紙」的紙來寫稿。我問他們：「你們怎麼不用稿紙呢？」他們答說：「我們沒錢買紙。」

原先劉先生請本立來，講好是當主任的，本立所擔任的工作，實際上也是主任的角色，但是因為劉先生說移民局不准本立當主任，所以那時本立的職務頭銜是「顧問」。

原來劉先生曾給總公司去過信，要求差派一個人來做主任，接替他處理日常的行政工作，因為他要退休了。本立到了任，他卻不退了！劉先生每天依舊來辦公室。同時，本立盡己所能地帶領整個辦公室同仁。本立發現：同工們的薪水微薄到無法靠所得維生，於是給他們加薪。董事會不高興了，因為本立並沒有事先取得他

們的同意，就給同工加薪。本立說：「你們請我來當主任，我如此做是為了幫助同工。他們現在可以專心努力工作，不用再為生活操心。」

本立去了趟移民局，得知他此來於法是可以當主任，這和劉先生說的不一樣。劉先生後來真的退休了，不再回辦公室工作，董事會才正式任命本立為執行主任。

你知道新加坡遠東的簡稱是 FEBA，而不是 FEBC 嗎？是這樣的：我們來這兒之前，新加坡已經有一個 FEBC 註冊在先，是遠東聖經學院（Far East Bible College）的縮寫。於是我們服事的新加坡 FEBC 就只好改名為 FEBA 了。

本立開始籌募基金。有了進項，他首先在大廳裡裝了冷氣機，在水泥地上鋪了地毯。同工們很高興，因為現在他們可以在有空調的辦公室裡工作了。除了加薪，本立也為他們買了足夠的稿紙。下一步，本立要募款買一個比這兩個臥室更大的辦公地點。有人告訴他：這行不通的，因為新加坡人才不關心你播不播福音到中國

● 本來大廳亂糟糟。林牧師為每位同工買了書桌，鋪了地毯，
看來像個有紀律的辦公室！

● 1977年，剛到新加坡時，只有九位同工。

● 1987年離開新加坡遠東辦公室時，同工已接近二十位了。

● 購買了凱聯大廈（當時新加坡最高樓）中的一個
　單位，做為新加坡遠東廣播公司的辦公室。

·● 剛到新加坡時，我們還年輕，兩人都在四十左右。

呢。我們開始募款後，相反地發現許多新加坡人對中國有負擔，他們為這個項目開始奉獻。

款項開始進來後，本立去看了幾個地方。最後，我們被引介到有五十層樓的凱聯大廈，那兒尚有未售出的單位。本立找到一個夠大適合做錄音室的單位，要價新幣三十萬甚是合理。本立買下它，接著開始進一步策劃和裝修。搬進去沒多久，隔壁單位也要出售。本立心想：如果我們希望擴張，就該買下它，結果我們把隔壁的單位也買下了。

辦這些事的錢從哪兒來呢？感謝讚美主，很快地，我們在一年內募足了款項，付完貸款！我們還有餘錢再買第二個單位。主供應了我們，工作也很快步入正軌。我們聘用了更多的同工，並開始生產更多節目。那時，我是節目主任。我在心裡孕育著一個想法，經過深思熟慮後，製作了一個新節目，後來它成了許多錄音室節目製作的模式。這個節目就是「空中聖經學院」。

向來我們要求製作的節目都得先寫好底稿，以之為

本，才不致天馬行空。空中聖經學院也是如此。我們需要有人寫稿。要同工撰寫所有節目的稿子是相當困難的任務，因為他們沒有受過神學訓練，也沒有學過如何教導聖經真理。主對我說：「何不請神學院老師來錄製這類節目？他們不需要稿子都能講，普通話也不必要求那麼標準，只要能教聖經就行。」我邀請了新加坡聖經學院和三一聖經學院的老師們。來了很多老師，做了很多節目，足以讓空中聖經學院每週播放五天。

● 新加坡遠東廣播公司同工為大陸聽眾製作「空中聖經學院」，造就中國信徒。

Chapter **10**

# 相隔兩地：
# 美國加州和新加坡

還記得我說過新加坡的濕度很大，教堂裡多半都沒
有空調，本立每次講道都汗流浹背，所以每週都
得乾洗西服。我們需要買部車。大部分人都買從美國或
日本進口的新車，不過我們只要一輛有空調的車就行。
我們找到一輛英國製造的老車，那種牌子的車幾乎沒有
人要。雖是比較老舊的車，但至少有空調，且便宜負擔
得起，於是我們買下了它。三個月後，我們適應了新加
坡的潮濕氣候。

起初，本立和我只打算在新加坡待兩年。這是為什
麼我會把孩子留在美國的原因之一，心想跟他們分開兩

年，情況不會太糟。結果兩年竟變成了十年。

我真的很想孩子，因為他們很少給我們寫信。我常擔心他們會有意外，或者成了嬉皮，甚至染上了嗑藥。可是主對我說：「冷靜，我比你更能照顧好他們。」我就放心地把他們交託給主。以前我們聚在一塊兒時，孩子們習慣聽嘈雜的音樂，類似比吉斯合唱團那種快節奏的熱鬧歌曲。我可受不了！

可是，你知道嗎？到了新加坡後，因為想念他們，我常把收音機轉到那些「高音量」的音樂電台，幫助我想像他們還在我身邊。跟孩子分離，對我而言很不容易。我記得第一個聖誕節尤其難過。通常，我們會一起慶祝，為彼此買禮物，然後當面拆開禮物。那時我們十分快樂。可是，在新加坡只有本立和我。天氣又是這麼燠熱，與我以前過的那種飄雪聖誕截然不同。

幾個月後，一位美國資助者來訪。我們用那輛買來的老爺車帶他去馬來西亞。開了幾哩之後，油門踏板突然鬆脫！車子必須拖進修車廠修理。後來，我們換了另

● 我們到新加坡後，三個孩子遠道從美國來看我們一星期。

一輛比較可靠的車。此時，新加坡的很多車子都有冷氣了。感謝上帝，我們有了一部比較新的冷氣車。

孩子們要來看我們了！因為總公司有個政策，宣教士的孩子可以用我們募得的款項來看望父母。為他們訂機票的人買了最便宜的票，要轉幾趟飛機，他們到新加坡可飛了二十幾個小時。飛行途中，他們每站必停。孩子們終於到了，我好開心啊！

我們花了幾天的時間，帶他們看看新加坡受歡迎的景點，又遊歷附近的馬來西亞。我為他們做了很多好吃

的食物。可是他們要離開的時刻，一眨眼就到了。因為上學的關係，他們只能停留一星期。回程中，主也保守了他們。他們轉機香港後，第二天香港就有個很強的颱風。在夏威夷轉機時，他們找不到行李，幸好最後行李還是送到了他們的住處。

還記得我們在美國由鄰居看管的房子嗎？一年後，他來信告訴我，他們要搬家了。我們自問，「這下該怎麼辦呢？」後來，收留兩個孩子的白先生，願意幫忙看管照顧這個租出去的房子。白先生看管期間，有個房客預先用她的離婚贍養費，付了六個月的房租。可是後來這位女士不付房租了，總找藉口說：「噢，我的母親病了，我把錢買了機票去看望她。」等等。

之後，我們換了幾個房客，有位房客更差勁，他不僅沒付任何租金，搬走時，還把屋子裡所有的百葉窗及其他東西一併帶走。更有甚者，我們在客廳裡發現一個大洞。鄰居告訴我說：這位房客有隻山羊睡在客廳裡。有過這麼多不愉快的經驗之後，我們決定讓三個孩子搬

回自己的房子住。那時，存慧在家附近的百歐拉大學就讀。我建議她：也許有同學願意租多出來的房間。結果她在學校的兩個朋友承租了。

回過頭來，我們再說，新加坡遠東的事工也在不斷擴展。我們為中國聽眾做了很多節目。但是我們仍然沒有收到聽眾的來信。工作了這麼多年，好像我們的工都白做了。因為沒有從中國寄來的信，有人就對我們說：「你們所做的沒有果效，沒有用的，沒人聽廣播。」

可你知道發生了什麼事嗎？1979 年，中國與美國恢復邦交後，中國開放了一點點。那年二月，我們收到八百多封來信！我們沒想到，會有這麼多來信，以致沒有足夠的人手回覆所有信件！到了三月份，我們共收到三千多封信！每個月來信遞增。

他們在信中告訴我們，廣播如何鼓舞了他們，廣播和聖經如何幫助他們靈命得以維繫。有一位說他抄錄下來許多經文。我們有個節目叫做「靜思主道」。當時在中國，聖經被燒光，教堂被關閉，所以我們一個字一個

字，一節一節慢慢地讀聖經，讓他們能抄下來。另有一位告訴我們：他已經把我們在空中引用的所有聖經經節都抄下來了。我們真是高興。

做廣播的人和一般傳福音的人不同，因為他們看不見聽眾的臉，只是對著麥克風講話，不知道聽眾的反應，唯一能知道的是透過他們的來信，但聽眾來信的比例很小。1979年中美恢復邦交，中國緊閉的門戶漸開，遠東也從大陸收到許多聽眾的來信。

其中有一筆奉獻來自安徽的某家庭教會領袖，林牧師和這位家庭教會領袖聯絡上了，就決定去一趟安徽看望他。他們約好了日期及會面的地點。家庭教會領袖告訴他，最好要穿得像中國人一般，各人手上拿著同一件東西，在機場見到時，不要打招呼，只要跟他走。

他們彼此碰到後，這位家庭教會領袖帶林牧師去他家，把他們夫妻倆狹小的臥室讓給他睡。

林牧師看見他們夫妻倆非常親密，雖然兩人都一把年紀了，走路時還手牽著手。後來家庭教會領袖講述他

們的見證給林牧師聽。下面讓我轉述他們的見證：

　　文革後，家庭教會領袖被下放到很偏遠的山區，他的妻子因為路途遙遠及種種的困難，一年只能看她丈夫一次。幾十年後終於平反回家，但一年後卻發現家庭教會領袖得了癌症，而且已是晚期無法醫治。

　　當妻子聽到這消息後心痛如絞，就在神面前呼求說：「神啊！我求求祢。我們夫妻分離了幾十年，現在好不容易在一起，祢又要把他接走，求祢憐憫，求祢留下他和我能共度餘生吧！」結果神聽了她的禱告，癌症突然無藥痊癒。他們覺得能在一起是神的恩典和神的憐憫，他們珍惜在一起的每一時刻，所以連走路時都牽著手。

　　林牧師回新加坡的第二年，為了親自瞭解中國聽眾的生活情況，以便製作更適合他們的節目，我決定和節目部的幾位同工及福音廣播夥伴，組織一個去中國的旅行團。我們於 1982 年去上海，並且聯絡了安徽的那位

家庭教會領袖在上海見面。

　　到了上海，我心中有無限的感觸。記得小時候住在貝當路的情景，也記得小時候認為最高的國際大飯店，現在夾在兩個大樓的中間，居然看起來很矮小。又記得上海外灘銀行區是多麼地繁榮，真是觸景生情！

　　我們住進了一間給國外來的人住的中等旅館，旅館大廳裡有一個賣可口可樂的機器。那時一瓶可口可樂要價等於一元美金。我就好奇去買了一瓶。旁邊站著一位服務員，我和她聊了起來。結果發現她居然是良友電台的聽眾，她悄悄地告訴我，她的家人和朋友都是良友電台的聽眾。這個消息讓我好興奮！

　　來之前我就和安徽的那位教會領袖約好在旅館見面。他走進我的房間後，很小聲地對我說，旅館房間內可能安裝有竊聽器不方便講話，要我跟他到他那裡去，最好不要有太多的人。於是我和另外一位節目部的同工一起遠遠地跟著他。他在前面走，我們在後面跟著。看到他上了巴士，我們也趕緊跟他上巴士。因為人非常地

● 林牧師在雲南拿著袖珍收音機，可以清楚地聽到
遠東的良友電台。

● 我在雲南的拉祜族村中，良友電台的電波清晰可聽。

擁擠，一恍神突然就找不到他了。

那時中國大陸每一個人都穿著藍色毛裝，戴著一頂帽子，手上提了一個袋子，看起來每個男的都很像我們的那位家庭教會領袖。我就問和我一起來的同工，哪一位是他呀？同工說他也不知道。後來我們看到一個像他的人要下車了，我們也冒險趕緊跟著下車。

他下車後鑽進一條很黑的胡同。問題是我們跟的人是不是那位家庭教會領袖呢？我們也不能確定，但除了緊緊地跟著他，巷子裡也沒有任何其他的人了。我們和他之間有一段距離，巷子又黑，彷彿看見他走進了一個人家，我們到了那房子前敲一下門，結果有人來替我們開門。我們進去後，才發覺所跟的人果然是那位家庭教會領袖。

進去後，看見房間裡面還坐著三位青年人。家庭教會領袖把他們介紹給我們，並且告訴我們，他們是來上海接受屬靈培訓，都是良友電台的聽眾。我們和他們談了很久，瞭解了不少他們的需要和經歷。這次上海之行

的收穫不少！

　　那時，最大的錄音室在香港，其次就在新加坡。稍後，遠東在台灣增加了另一個錄音室，在加拿大兩岸也分別增加了一個錄音室。我們設立這麼多錄音室，是因為節目需求很大，有太多不同層面和各類的人收聽節目的緣故。我們聘用的同工也越來越多，結果當然是需要更多的經費，我們必須開始籌募更多的基金。

　　我們編排了很多項目，比如有合唱團到印尼和馬來西亞演唱並募款，也有在本地演出的。我們還成立了一個戲劇團隊，我是導演。我從未當過戲劇導演，何況還是齣三幕的戲，真是花了不少時間排練。我們租了新加坡最大的維多利亞劇院。這齣劇演出雖僅兩天，但報紙的評論很好，我很得鼓舞。但身兼節目主任的我，這時確實夠忙碌的了，我必須細心計劃和製作各種不同類型的節目。

　　在新加坡時，遠東拓展部有一位同工劉麗玲，別人都說她長得很像我。我見她有時精神不好，有一天我就

● 在新加坡時，喬宏夫婦和蘇雲弟兄常幫助我們的演出。

問她：「為什麼會常常精神不濟呢？」她說：「因為晚上沒有辦法睡覺。」她告訴我，她和妹妹兩個人睡在一個雙層床上，她睡上面，因為靠近天花板，天花板上有一盞燈，晚上照著她，所以沒辦法睡覺。我就說：我家有一間臥房，是做客房用的。現在沒有人住，要不要搬過來跟我們住呢？她就搬過來跟我們住了。後來，我問她要不要做我們的乾女兒？她也很願意，所以我們就收了她為乾女兒。

本立和我的大部分時間都投注在工作上，每天在辦公室裡差不多十四個小時，沒什麼娛樂時間。我們盼望有孩子的消息，或可減少些思念的愁苦，可是他們很少給我們寫信。

● 乾女兒劉麗玲和我們於1978年來美，在加
　州大學修碩士。大家都說她長得像我，你
　覺得呢？

● 乾女兒麗玲在加州州立大學修完碩士，領
　取文憑。

# Chapter 11

# 諸多改變

大約四年後，本立想找個接續他職位的人。他需要找一個對無線電傳福音有異象，而且能為機構募款的新加坡本地人。我們雖四處尋找，卻找不著，所以仍然得繼續留在崗位上。有時候遠東全球主任會議輪到在美國舉行，我們便有機會回美，我也可以跟著本立去看看孩子。

每四年我們按規定返美述職並休假約三個月。我們趁此機會參加了存慧和存智的大學畢業典禮。存恩還在學。孩子們也忙著打工，得些零用錢供自己生活所需。我們的錢僅夠幫他們付學費和書本費，他們得設法維持

自己的生活。雖然留下孩子自理生活很不容易，換個角度看也是好事，他們學會如何做決定，如何存錢。

約在 1987 年，本立和我回到美國，這回我們有一整年的假期，可以很自由地隨意而行，處理私人的雜務。主保留了我們的房子，讓我們從新加坡回來後有地方可住。

在離開的這一年中，我們邀請來自美國的舊識陳驎牧師擔任臨時主任之職。我們回美國的時候，勸乾女兒麗玲申請美國大學，繼續進修碩士，所以她隨著我們到美國來了。讀完碩士後，她決定回新加坡。

總公司最後決定聘請陳驎弟兄繼續擔任主任，所以一年之後，我們必須找新的工場事奉。可是我們有些擔心，因為不知道假期過後，未來的道路該朝哪裡走，新加坡是回不去了。

若要長期居留美國，本立認為我們應該搬到一個比較新，比較容易上高速公路的地方。我們在地圖上看到一處叫「鑽石吧」的地方，本立喜歡這個名字，我們就

● 大兒子存智比媽媽高一個頭，在加州大學畢業於商科。

● 小兒子存恩之後也終於拿到了大學文憑。

去那兒找房子。找到一間符合我們條件的獨棟房屋，房子所在地有高速公路四圍環繞，計有 57、210 和 60 號高速公路。於是決定買下那棟房子。

回想當初，如果我們把老房子賣了的話，那麼從新加坡回來便無處可住。我們當時用四萬美元買的房子，

● 女兒存慧在加州 Biola 洛杉磯聖經大學畢業。

等我們從新加坡回來的時候，已經漲到十二萬美元。但是買那間新房子之前，我們必須賣掉老房子，所以我們開始進行整修工作。

正在粉刷房子時，有個人帶著現金來，要買我們的房子。我們就不需要繼續粉刷下去，因為房子已經賣出去了！我們買了我喜歡的鑽石吧房子，搬進去住下。更好的是，我們搬到鑽石吧後，存慧和存恩也搬到那附近。

另一方面，存智在離鑽石吧市不遠的奇諾市也蓋了一棟新房子。1987 年返美後，我們生活中有兩件大事發生。乃是兩場婚禮：第一個是我們的男孩，老大存智的婚禮。幾個月後，是我們女兒存慧的婚禮。1990年，神賜給我們一個外孫邁克，不久又得到了兩個孫女和外孫女。後來我的大兒子再婚，又得到了兩個孫兒。為了聯繫感情，每個星期日晚上我都邀請他們來聚餐，真是其樂融融！

此時傳出，1997 年香港將回歸中國。那時香港遠東錄音室為所有遠東無線電電台製作最多的中文節目。

● 1978年由新加坡回美，適逢大兒子存智婚禮。

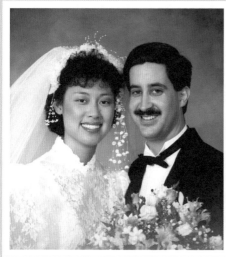

● 女兒在大兒子結婚後，於同年八月
與弗蘭克結婚。

● 抱著一歲的第一個外孫邁克，好高興呦！

● 小外孫女嘉玲。

● 我的兩個孫女，甜妞和麗可，她們是
老大的女兒。

● 小兒子存恩是我們的大廚，他燒得一手
好菜。每逢過年過節都是他一獻身手的
機會。

如果中國收回香港，我們還能繼續生產節目嗎？如果不能，又該如何？我們得未雨綢繆，得先訂好目標，作好計劃，不能臨渴掘井。本立看見在美國有很多中國教會，一定有很多製作節目的人才，他想，何不在此為美國遠東成立中國事工部，就在洛杉磯生產節目？於是本立向遠東總公司提出此建議。他們說雖然想法非常好，但是沒有錢給我們開創中國事工。

　　所以我們決定憑信心，每個月從薪水裡拿出五百美元做開創中國事工的基金。當然先得設立一間辦公室。我們把這個成立中國事工的異象跟最初領我信主的丁曉亮醫生夫婦交通，這時正好他們來看我們，過後他們又把我們的異象告訴了接待他們的一對中國夫婦，就是曾醫生和曾太太。曾醫生說：「噢，我們在蒙特利公園市有一間空的辦公室，可以租給他們。」丁曉亮醫生夫婦回頭找我們並告訴我們這個好消息。我們問的第一件事是，「他們要多少租金？」他們說，「要一千二百美元一個月。」我們說：「我們沒有這麼多錢租這個地方，

因為我們總共只有五百美元。我們只能付五百塊錢。」曾醫生說：「我們願意租給你們，但租金仍是一千二百元。不過你們只要付五百元，其餘的，我們出，算是奉獻給中國事工的。」當時我們的義工有吉姆和桃樂絲·埃普利兩位。至於我們的辦公室，花了些錢略為整理，把它清理乾淨並且全部重新粉刷。我們連買塊招牌的餘錢都不夠，所以就在窗戶上漆了「遠東廣播公司中國事工部」幾個大字。

1988年2月遠東廣播公司中國事工部（FEBC-CM）於焉誕生！

● 1988年2月，在加州蒙特利公園市的中國事工部終於成立了。

● 在遠東中國事工部，我擔任副執行主任暨節目主任。

● 丁曉亮醫生夫婦在我們預備成立遠東中國事工部時
　來拜訪我們。經由他們的介紹，我們認識了曾醫生
　夫婦，才能租了他們的地方，開始中國事工部。

# Chapter 12

# 痛失親人

大約在我們到新加坡六年之後，我的父母親從台灣搬到美國和我們的孩子一塊兒住。後來他們在羅蘭崗買了自己的房子。那時羅蘭崗很少中國人，連東方人都很少。

我母親一直有胃痛的毛病，後來檢查出原來是心臟有問題。1982 年她心臟病發，沒有多久就去世了，去世時只有六十九歲，留下父親一個人，那時我們卻在新加坡。1987 年我們回來後才有機會照顧父親。

我在前文說過，我剛接受主的時候，父親把我趕出家門。之後他有很多機會聽過福音，因為我母親已經信

耶穌。後來，我弟弟也信主了。父親的鄰居也是基督徒。有時候他到外面散步會遇到正在散步的鄰居，她就跟父親講耶穌基督的事。

平常每次我跟他提起耶穌，他就跟我辯駁。有一天，我求父親：「你可不可以給我五分鐘？讓我告訴你我怎麼信耶穌基督的。」令我吃驚的是他居然同意了，這表示他的心有些鬆動轉變了。我非常高興，因為五分鐘過後，他總算是聽過我親口講的福音了。雖然他對我講的沒有表示正面的回應，但是我確定主必定在他的內心動了福音的善工，是好的開始。

我們通常五點鐘吃晚飯。一天，我去看他，卻找不著他。他去哪兒了？下午四點鐘以後他是不開車的呀？我出去找他。試過幾家他喜歡的餐廳。我也試著去了時時樂牛排館，他不在那兒；最後我找到丹尼鬆餅店，問他們：「你們看見張先生來過嗎？」他每次去餐館吃飯，都給很多小費，所以男女服務員都認識他。他們聽見我問起張先生，他們說：「等一下！先請坐。」我坐

下了，然後他們說：「我們感到很難過，你父親在我們洗手間內犯了致命的心臟病。警察現正在裡頭。」不久警察出來，問我父親是不是曾犯過心臟病。我說：「是，他犯過。」他們說既然他有心臟問題，他們就不驗屍了。我父親去世時是八十七歲。

我不知道父親接受了主沒有，因為他沒當我面前對神表示懺悔。我記得保羅告訴腓立比的獄卒說：「當信主耶穌，你和你一家都必得救。」我合理地推論，就在父親摔下去危急的那一刻，必然瞬間想起我跟他說過的要呼求主名，我相信他一定呼求過主：「主啊，救我！」他聽過福音，他也知道如果不接受耶穌人會去哪裡。我此刻能做的，只有把他的靈魂交託給主了。

再說到中國事工方面。我們租了一間辦公室之後，心想應該讓美國的中國教會知道遠東廣播公司在美國有中國事工部，這樣他們才能通過這個管道成為我們事工上的夥伴，為我們禱告並且支持我們。於是我們開始安排走訪各地教會的行程。我們手邊沒有美國各州的中國

● 為了遠東廣播公司新成立的中國事工部，到各地籌募同工和資金。

● 開著一部舊車，去拜望各州中國教會，傳遞福音廣播異象。

● 在美國各州華人教會中，林牧師激勵傳遞「藉廣播傳福音」的異象。

教會地址，但是有位牧師給了我們一份資料。行程中，在我們抵達愛達荷州時，接到台灣來的電話說是本立的母親在醫院裡病危。本立說他必得回台灣一趟。那時候，和我們一道奔波的是我們的乾女兒麗玲。

本立說：「你和麗玲仍得繼續代表遠東中國事工部走訪各地教會，主持事工介紹聚會。」1988 到 1989 年，全球定位系統（GPS）尚未誕生，就只能靠地圖，也沒有網路可以幫我聯絡到更多的教會。我們所能依靠的就是地圖。乾女兒和我跑了很遠的地方，比如蒙大拿州、斯波坎市、俄勒岡州和西雅圖市等等。主與我們同在，我可以感覺到祂的同在保護使我們不受傷害。我們到了俄勒岡州的波特蘭市，本立由台灣奔喪回美，約好在此城會合。他母親的去世使我們心情都很沉重，但我們一刻不能停，仍然繼續我們原定的拜訪教會行程。

在北美我們到過的華人眾教會中，神為我們預備了第一位男性同工，他的名字是崔宇明。當他聽見本立說到無線電的效用，深受感動。經過一段等待、尋求和印

證後，他便辭去電腦程式設計師的工作加入遠東中國事工部。後來，主給我們許多捐款，我們就在加州蒙特利公園市買了一單位的樓層，整修後做為辦公室、錄音室之用，且購置一些應用的器材，開始生產廣播節目。很快，我們付清了銀行貸款。那時我們也有了更多的同工了。

五年後，本立說：「我有一個夢。」我們不知道他在說什麼。他告訴同工們他有一個夢，要一個更大的錄音室，更寬廣的地方，更方便，增添更多現代化的設備。那時，有廣大的群眾聽廣播。無線電電台跟著增加越來越多的廣播時數，我們也就需要更多節目製作及播音人員。

我們在加州的奇諾市找到一間八千平方呎的倉庫，售價三十萬美元。我們賣了蒙特利公園市的房產，買了這個倉庫。我們稱它為「遠東天訊中心」，有了一間很大的錄音室，此外，設施裡還包括三小間錄音室。我們計劃在那兒除了錄音，還要製作錄影節目。那時同工已

增至二十多人，同工們配搭合作得很好，整體運作很上軌道，滿有主的祝福。

本立早就打算找人承接領導的指揮棒，我們等呀等，終於等到了一個合適的人，是一位牧師，他在遠東中國事工部擔任「好牧人」節目的義務講員，參與解經培靈節目錄製也七年多了。事實上除了教會，他自己也肩負著另一個基督教機構。我們和他懇談請他接本立的工作，令人吃驚地，他說願意承接這個主任的職位。再加上同工們和他早已合作得很好，以後也一定會更好，所以我們很放心地做出退休的決定（不過本立並沒有真正退休，因為他仍然繼續在總部做了一年遠東總裁的助理）。

回想從 1959 到 2000 年前後四十一個年頭，主一直留我們在遠東廣播公司服事祂，得祂喜悅，蒙祂祝福，真是大大地感謝上帝。然而由中國事工部退休後，我們卻開始了另一章的服事生活。

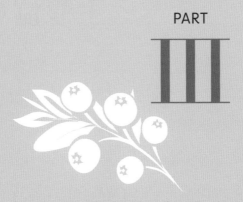

# 邁入新階段：

# 退而不休

# Chapter 13

# 主愛協會初始

我們在新加坡遠東服事的時候，有許多義工幫忙，尤其是在音樂方面。義工中有一位在鋼琴演奏方面特有才華，那就是黃繼臨弟兄。後來他去了美國，我們便失去聯絡。及至我們回到美國建立了在加州蒙特利公園市的錄音室，我們仍需製作一些音樂節目，這時我想到了黃繼臨。我知道他在雅馬哈公司工作，所以我打電話給那家公司，他們把他的電話號碼給了我，終於我們又聯繫上了。那時候，他住得離我們公司很遠，所以只能在特別場合的時候幫我們。後來我們搬到奇諾市，設立中國事工部的「天訊中心」，而他也從加州的埃爾

● 林本立牧師在奇諾市的「天訊中心」擔任執行主任。2000 年時，我們從遠東退休。

● 我在「天訊中心」以當時最新的器材錄製節目。

● 我製作一個叫「彩虹橋」的節目，教中國聽眾唱讚美詩歌。

● 遠東中國事工部義工和主愛協會創辦人黃繼臨弟兄。

西諾市搬到聖‧迪馬斯市，離奇諾市很近。我有個節目是教中國聽眾唱讚美詩歌，教唱的時候得有位鋼琴老師來指導並伴奏，所以繼臨就經常來幫我。

　　我們快退休時，我告訴了繼臨。他問我：「那你要做什麼？」我開玩笑地說：「既然退休了，我可以吃吃巧克力，什麼事都不做！」我們兩人都笑了，不過我告訴他或許我會辦一所中國烹飪學校。然後他問我：「那我們的音樂怎麼辦？我們就不做了嗎？」我教唱節目的許多聽眾寫信給我們說：「請送我們一張光碟，因為你教我們的時候，我們知道怎麼唱。可是你下了節目，不久我們就忘記了。」遠東的政策是為了保護聽眾，不送他們任何東西以免當局發現會惹麻煩。我想如果我們繼續做光碟，然後在中國生產，也許聽眾就可以在當地得到光碟繼續學唱聖詩！我回答他說我會和我先生本立商量。

　　我跟本立說了關於開建一個新機構，錄製音樂光碟送往中國的事。我丈夫對中國本就很有心，認為那是個非常好的主意。他也要教中國人如何管理他們的錢財，

● 主愛協會初始，林本立牧師教導「聰明好管家」（SMART）講座，S—策略，M—管理，A—資產，R—風險，T—時間管理。

因為錢是來自上帝。

於是繼臨要為新機構申請加州許可證，但是我們得先為這機構取個名字，要取個既貼切又好聽的名字，一時間沒了主意。本立說取名字必須把握簡單又容易記住的原則。然後他說：「就叫它『主愛協會』如何？我們應當把歡樂帶給中國人民。我們也需要夥伴與我們同工。主愛協會的目的就是把歡樂和愛帶給中國，然後帶給世界。」

1999 年 12 月底，離兩千年只有幾天，繼臨為主愛協會申請的加州許可證下來了。我們也試著向國稅局申請非營利機構執照，但是我們需要一位合格的會計師協助。聘請一位可得花好幾千塊錢哪。

　　我們開始主愛協會時，除了繼臨和我們口袋裡的錢，沒有任何其他資金。全部加起來，還不到五千美元，我們沒有辦公室也沒有錄音室。以往我在遠東服事的時候，主讓我親身經歷祂所行的神蹟是一個接著一個的。我深深相信雖換了服事的工場，祂仍會為我們現今的工作再行神蹟。我們禱告，突然，我想起遠東義工中有一位會計師李先生。我找他談，問他可否幫我們申請，然後再由主愛協會每月付費給他。李先生只收了我們兩千美元，以後每個月我們就付他一點錢。後來我們也從國稅局收到了非營利機構執照，這對主愛協會至關重要。感謝上帝，祂再次為我們行了神蹟。

　　從此，我們寄出通訊，到各教會介紹主愛協會。漸漸地，捐款進來了。我們在雅馬哈音樂學校後面設立了

一間辦公室，每個月只需付五百美元。在五百呎的地方除了辦公室還蓋了兩個小錄音室，開始做些光碟。早期的光碟都是為孩子們做的。我的孫子們和繼臨的孩子們都來，一起唱出和諧的樂章，我們將之錄下，以備製成音樂光碟。

● 主愛協會開辦時，沒有資金。小兒子存恩奉獻首筆資金兩千美元。

● 外孫兒和外孫女很有音樂的天才，他們參與兒童光碟的製作。

本立一向都很健康，除了高血壓沒有其他的毛病。所以我們買的是最便宜的健保醫療保險（HMO）。2002 年我們開始主愛協會兩年之後，有一天他發現頸上長了一個小疱，起初以為是炎夏氣候所引起的小疱，保健醫療得先報核，然後就醫，所以等了很久才得到許可做各項必要的檢查。這小疱慢慢地越長越大而且疼痛，看家庭醫生也沒有什麼結果。

　　過了幾個月後，不但痛也影響食慾。申請就診 HMO 健保系統的專科醫生很麻煩，往往又要等好久，在等待期間，病人的病情有可能很快地惡化。HMO 的家庭醫生就勸本立花兩千美金去看他所知道的一位著名癌症專科醫生。雖然這麼貴，本立和我決定還是去看這位專科醫生。沒檢驗之前，這位醫生看到本立頸上的疱就說很可能是淋巴癌。他抽了血送去 UCLA（加州大學洛杉磯分校）醫院檢查，然後勸我們趕快去醫院急診室，因為送到急診室的病人，不管是什麼健保，他們都會詳細地做各種必要的檢驗。

我們在原健保合約（HMO）限制下，無法去任何其他醫院，只能去健保指定的醫院。於是，我們趕快到蒙市醫院急診室應診！在緊張的心情中，到了急診室填完各種表格後，又等了好幾個鐘頭才被他們接納。此時剛好碰到醫院整修，病房減縮，所以沒有一間病房可以安頓本立，醫院就在走廊架起一張臨時的病床。本立睡在那裡好幾天，既沒有食物也沒有水喝，他們說因為在檢查前不能吃也不能喝，這樣搞了幾天醫生才來檢查。另外那位著名癌症專科醫生的 UCLA 報告也來了，證明本立得了淋巴癌。

　　在醫院住了一個星期後回家。醫生開始給他化療。第一次還好，第二次化療後醫生說必須再回醫院去。他們把他放在一間病房裡，門外貼了通告，凡進去的人必須戴口罩，洗手。有幾位護士進出都沒有戴口罩也沒有洗手，我就問他們為什麼沒有照醫院的指示去做？他們也回答不出來。過了幾天醫生說本立可以出院了，可是到了下午又說因為還有熱度所以不能出院。

我送本立到醫院的時候，曾經簽了字同意讓醫生做主，因為我覺得最瞭解病人的當然是醫生了。這一下卻壞事了，醫生做什麼也不必問我，所以我也不知道醫生在做什麼。本立一共有三位醫生，主治醫生、癌症醫生和肺部醫生。這三位醫生從來沒有找過我談話，也沒有告訴我本立的病情。我只好每天等在醫生的飯廳門外，見到他們出來才能問他們。三位醫生的意見又不同，有時還相反。

　　第三天我進病房時，發覺本立不在房間，問護士，護士告訴我醫生在手術房為本立做肺部切片，醫生認為他有肺病。我就在手術房外等。等了好幾個鐘頭也沒見他被推出來，後來我問護士怎麼一回事？護士說他已經被送往加護病房了。我進去看他的時候，發覺他的手腳都被綁在床上，他的嘴裡插了一根管子，嘴巴被膠布黏著，本立不能說話了！從那時起，我們兩個就無法交談，最後我們連說再見的機會也沒有了。

　　看到本立的眼睛流露出痛苦，我也覺得很痛苦。看

顧他的護士非常兇惡，叫我出去不准進來。後來給他換了一間房間，但是只准我們一個鐘頭進去看他十五分鐘。孩子們輪流來陪我。我們到房間的時候他因為打了麻醉針，所以昏昏沉沉。雖然不知道他聽不聽得到我們說話，我依舊為他讀聖經、禱告和唱詩歌。本立住院期間，他弟弟林治平雖然有一連串的聚會，但還是特別從台北飛到洛杉磯來看他哥哥，這讓我感到安慰。

其實本立的肺根本沒有事，後來醫生也承認了。當時醫生試了七種不同的抗生素，結果反而讓他的肺衰弱到失去了部分的功能。到第二星期接近週末時，主治醫師要我決定把幫助本立呼吸的管子拔掉，結束他的生命。我非常不願意。我向神祈禱說：「主啊，生命在祢，如果祢要本立息勞回天家，祢就自己接他去吧！」

到了星期五晚上，我對本立說：「如果你看見主來接你，不要顧慮我，主會照顧我的，你就跟隨主去吧！」本來因病他的臉變得不像他了，但在我禱告半小時後，他的臉恢復了從前的樣子，且面帶笑容，平安地

● 我和林牧師結婚共四十五年。他在 2002 年 7 月
   12 日被主接去。

回到天家去了。

當天晚上我和孩子們回到家，心已完全麻木，孩子們建議我吃安眠藥，我就吃了。第二天醒來，完全不相信從此以後再也見不到和我日夜相處的本立。禁不住悲傷的心情湧上心頭。我們結婚四十五年，很少有分開的日子。每次本立回來，都會聽到他說「回來了」，然後聽到鑰匙的聲音，從今以後再也聽不到了。那種心情真是難以形容。

本立回天家後，我在主愛協會工作完畢要回家時，感到本立已不在了，為什麼還要回家呢？於是「回家」失去了它的吸引力。

後來大兒子搬來和我同住才慢慢感覺到好些。我本以為既然主愛協會才剛開辦兩年，主會為著他的事奉而延長本立的壽數，可是主將他接回天家了。我沒料到會是這樣，因為他父親長壽活到九十六歲。本立過世時，才六十八歲。董事會決定我應該延續主愛協會執行主任的職務，我接受了這個挑戰，直到 2018 年退休為止。

# Chapter 14

# 服事深入中國

初開始時，本立、繼臨和我都有心在中國境內作工，要把歡樂和愛帶給中國。可是有一個問題，因為我們不認識國內的任何人，我們該如何開始在中國的服事？我們去那裡要跟誰聯絡？我們有這麼多問題，不知道該何去何從。但是我們有願做的心，主也就為我們開路。

洛杉磯有一個教牧同工聯會，每個月一次聚在一起禱告。每個參與的教會或機構各自分享他們的異象。一天，輪到主愛協會向牧師們報告。我分享主愛協會的服事，結束時提了一個代禱要求，我說：「我們要去中

國，可是我們不認識國內的任何人，請為我禱告，主就會為我開中國的門。」

會議結束時，有一位多年沒見的弟兄來跟我說話。我認出了他，那是鄭隆保牧師。他在台灣開始他的服事，隸屬協同會，他們曾供應節目給遠東廣播公司。我真是高興再見到他。他問：「你要我們為你能進入中國禱告？讓我來幫你，因為我現在住在中國並且去許多地方做見證。你要去的時候我可以幫你。」

我把他介紹給黃繼臨弟兄並且一塊兒吃午餐。繼臨問隆保牧師：「主愛協會能怎樣幫助中國基督徒？」然後隆保告訴我們：「我知道中國教會有個最大的需要，那就是唱詩歌。得有人教他們如何正確地唱詩歌，因為他們常常唱錯拍子，甚至在一起唱同一首詩歌的時候也是不同調的。另一個需要是得有人訓練他們彈琴，使他們唱得更準確。」

他說他去過中國偏遠的農村，沒有人做這方面的服事，沒有樂器可以幫他們。繼臨說：「如果他們一定要

學鋼琴，那得花很久、很久的時間，而且鋼琴很貴。讓我教他們如何使用電子琴，因為電子琴不那麼貴而且很容易學。」隆保立刻說：「太好了！讓我回中國為你們安排聚會，教中國弟兄姊妹如何彈電子琴。」繼臨從未去過中國，他來自新加坡，所以他告訴我：「你必須跟我去，我無法單獨去，因為我對中國一無所知。」

幾個月後，鄭牧師為我們安排了清流的聚會，那是離廈門很遠的一個偏僻地區。於是繼臨和我買了機票飛到廈門，有一輛車載我們去清流。路況真糟，好幾次司機險些偏離了道路摔下堤去。雖然那裡地處偏鄉，教堂卻很大很好。他們安排我們住進旅館。天好冷，早上沒有熱水。通常我是早上洗澡，但在那兒我得等到晚上才能洗澡。晚上就更冷了。

教堂裡沒有洗手間，我們必須走到外面，用公共廁所。廁所沒門而且得蹲著，這對我們來說有些困難。不過我們還是適應了。

那次，從農村來了許多教友學習電子琴。有些還是

● 黃繼臨弟兄在大陸教琴，我幫助信徒認識基要真理。

農夫。你看他們的手指會發現他們的手指都好粗糙。他們怎能彈電子琴？他們有些人一輩子都沒見過電子琴。

繼臨用主賜給他的方法，在四天內教會他們。上完課後，大部分人可以用右手彈，還有些人也可以用左手彈。繼臨教他們所有的和弦。他們只學了四天，第五天就舉行音樂會。政府人員和鄰近的非基督徒都來教堂參加音樂會，對教會負責人和我們來說，那是個令人興奮的時刻。

事實上，由於在我幼年有被關過日本牢房的痛苦經歷，以致在心理上去中國是件很艱難的事。我常想，「是否當局討厭我們留在那兒教學？」許多、許多次我都產生這種恐懼感，怕被公安抓了去，下在監裡，殘酷地折磨我，就像對待兒時日本牢房的那些人一樣。

每年，我都帶著恐懼感去到我所深愛的出生地——中國，還好從沒遇上很糟糕的事。可是有一年，在我們服事結束轉往北京，搭機返美的時候，遇見家庭教會——也就是一般人所說的地下教會——的一位負責人。

順帶一說，這裡所謂的地下教會不是真的挖在地底下躲藏著的，而是未向政府登記的獨立運作的教會。很多第二代基督徒記得他們的父母親和祖父母們在中共政權下的遭遇，就寧願不向當局登記為「三自愛國教會」。

那位牧師說：「你們可不可以去我們教會的姊妹團契，在家庭生活方面給她們一些教導？我認為這些信息非常重要。」我同意了，認為那是個可以讓多人生命改變的機會，我回答：「好，我願意去。」第二天早上，我到了第十二層樓的公寓。備好我的隨身電腦和可用來顯示圖片表格等的電腦軟體，用作教學工具。房間裡坐著二十多位女士，她們有心學習如何建立一個更敬虔的家庭。

大約九點鐘，我見到還有人上來便心裡嘀咕，「這些人還真是守的中國時間（不守時也），她們來得太晚了！」接著有越來越多人進來。有些人帶著照相機，有些人帶著槍。原來他們不是地下教會的人；他們是政府派來的！我真是嚇壞了。我心裡默禱，突然間，平安

從我心裡油然而生，並且感覺到主對我說：「我與你同在，你無須驚恐。」

有一個人對我大喊：「停！你在講些什麼？」我告訴他們：「我教她們夫妻相處之道，使得夫妻間有融洽的關係，使家庭更快樂、敬虔。」但他卻告訴我：「你必須停下來。」

他拿走我的電腦和放映機，並且說每個人都必須去公安局。他到我面前要我給他看我的護照。我回答：「你怎麼知道我有護照？」我反問他，因為這樣反問他看起來是明智的，要讓他誤認為我是本地人。他說：「把護照給我。」我緊緊抓住護照，就是不給他，因為曾有人告訴我，「絕不能讓他們拿走你的護照，否則你就沒有東西證明你是美國公民。」可是他從我手上硬搶了過去。

他說：「快點，你得去公安局。」然後我告訴他：「不，我不能去公安局。現在接近午飯時間，我有糖尿病，去之前我得吃點東西。」然後他說：「好，去吃

吧。」我進了廚房，趁機把我儲存資料的碟盤交給一位女士。我告訴她：「你拿好這個東西，因為我不要讓公安拿到裡面的信息和文件。」我緊張地吃了點東西，然後告訴公安：「好了，我已經吃完了。現在我可以隨你去公安局了。」

但這位公安改變了心意，他說：「你不必去了，在這兒等著，我們就在這兒問你問題。」等待中，我看見小桌子上有兩本美國護照。我尋思，「在這兒還有誰是美國公民？」後來我知道了，是住在這棟公寓的屋主，從美國回來的一個中國公民。

他們問她話問了很久很久。然後他們對我說：「該你進去了。」我進去，他已經寫好一份報告要我簽名。我說：「這寫的是什麼？」他問：「你有沒有講到上帝？」我說：「有，如果家中沒有上帝，這個家不會是個快樂的家庭。他們必須有上帝來幫助他們成為更好的妻子，更好的丈夫，更知道怎樣教導他們的孩子。」然後他說：「你觸犯了中國法律。你不應該講有關上帝的

事，因為你沒有執照，沒有許可證。」

他們告訴我我已經犯了法，必須在報告上簽名承認我所做的，於是我簽了。他們說：「從現在起，要有許可證，你才可以談上帝。」我知道我上了他們的黑名單，因為他們還拍了我的照片。第二年我沒回去，再過一年，我才又去中國，並沒發生什麼事，也就覺得比較放心了。

之後，繼臨和我去了另一個叫做溫州的城市，在那兒我可以教他們理財和治家等課題。我們去了三自教會（在政府登記有案的教會），所以我們說：「這裡總該沒什麼問題了吧。」可是，教到一半時，該教會的牧師來了說：「快，快！跟我走。」

從他的聲調判斷，我們知道，我們必須立刻配合行動。即使我們不知道發生了什麼事，我們仍跟隨他到了一間主日學教室。他說：「別出聲！待在這兒等我回來。」然後他從外面鎖了門。我們被鎖在教室裡就像給關在監獄裡一樣。

躲了一個多小時後，牧師終於回來開門放我們出來。他說有人舉報我們，說我們在那兒教學。三位公安來搜索我們。感謝上帝，公安沒找到我們。我們趕緊回旅館，因為我們沒在旅館登記；是教會朋友幫我們登記的。如果公安發現我們沒在旅館登記，我們就又會惹上大麻煩了。既然不能再在那兒教學，我們決定儘快離開。

我們快速打包行李，因為教會的人已經在樓下等了。他們告訴我們不要一起下樓，一次一個人。如此更加增了我們心裡的恐懼。我們在前廳會合後，他們開車送我們到另一個城市，在地方教會教友那裡過夜。第二天我們把原先的班機改早一班，飛經北京回美國。那實在是一場令人心生恐怖的經歷！

這次領教過當局後，加上在 2013 年去中國的一趟行程中傷了腰背，我就沒法走太遠或站太久，我覺得主要我專心在美國服事，用所有可能的辦法接觸到住在美國土地上的和住在中國本地的中國人。

# Chapter 15

# 事工的拓展

主　給了我們更多服事中國的機會。我們開創主愛協會的宗旨就是要大量製作光碟──音樂和聖詩光碟。儘管讚美詩很美，曲調很優雅而且歌詞多具深義，但如今很多人興趣轉移了，受新興敲敲打打音樂的影響，對引動情緒的所謂的敬拜讚美詩歌趨之若鶩。喜歡古典優雅聖樂的人減少了，能唱莊嚴神聖讚歌的人也大量降低了，但我們決定仍堅持使用正統的讚美詩歌。我們的錄音室雖然小，但是有很好的設備，有條件製作所有我們想要的錄音卡帶和光碟。

　　我們製作了許多光碟，其中有四張是專為小朋友製

作的，因為在中國，向任何十八歲以下的人傳道是違法的。可是我們可以給他們光碟，他們從動聽的音樂和生動的歌詞中可以知曉關於耶穌的故事，並體會上帝是怎樣的愛他們。所以這四張光碟對於服事小孩子的事工是很有幫助的。後來我們也申請在中國生產第五張小朋友光碟的執照，如此我們可以合法地分送出去。

後來我們遇見一對異國聯姻的夫婦，他們辦了一所很特殊的孤兒院。丈夫是中國人，妻子是美國人，他們都能說流利的中文。他們的孤兒院和一般的不同，因為他們是去火車站找那些生病的或離家流浪的孩子，暫時收容並勸說試著改變他們，然後設法找到他們的家人，送他們回家。若不然，孩子們可以跟他們在一起生活。他們也照顧那些身體有多處殘疾或困難的小小孩，比如，可能是瞎了一隻眼、缺了一隻胳膊或斷了一條腿的孩子們。他們供應孩子們所需要的，幫助他們長大成為基督徒，所以我們決定資助他們一部分。

接著主在中國為我們開了更多扇門。一天，我在中

國的一處教堂，人們把各式各樣衣服攤在地上。我問他們這是為什麼，那些衣服又是為誰擺出來的。他們說：「教會要幫助附近的孩子，他們很窮，沒錢上學，衣服也不夠。」我接著問：「誰維持那些孩子的需要？」他們回答：「凡在教會裡對窮人有負擔的人都幫些。」於是我們也開始資助教會，幫助那些孩子。我們稱這個項目為「耶穌愛我」。

後來，我們開始另一個叫做「主愛農村」的項目，因為如今大部分年輕人離開家鄉到城市找工作，大多數農村都只剩下老人和小孩，教會成員自然地也越來越少，而教會的需要卻越來越大。

中國大陸許多年輕人都不願意做傳道人，因為他們認為所賺的不夠糊口。他們看到大多數的老傳道仍必須工作，農民們能供應傳道的也僅是些蔬菜和米。我們想要他們看見即使放棄他們的工作成為傳道人，主仍能供應他們的需要。我們開始要夥伴們每個月資助他們一百美元，感謝上帝，現在我們所資助的年輕傳道越來越多。

每天我去奇諾市辦公室時，就不禁會想到遠東的天訊中心（讀者或許還記得這是本立和我在奇諾市開創的）。我知道那兒還是空著的，因為遠東同工都遷到拉‧米拉達市的總部上班了。或許我們可以租部分的建築。這棟建築很大，將近八千平方呎。我不知道遠東是否願意讓我們租一部分，因為我們目前的辦公室太小了，不敷使用——包含錄音室也只有五百平方呎。

　　遠東願意把前面的辦公室和一套錄音室及控制室租給我們，我們歡歡喜喜地搬進了那棟建築，可是每個月得付大約三千美元的租金。以前，我們每個月只需付八百多美元（房租已從原先的五百美元漲到八百美元），所以我尋求願意幫助我們的夥伴。若我找足了人湊到三千美元可以付租金，到時我們就能有個更大的地方做更多的服事。

　　一天，主向我說話：「在特定為本立紀念的基金裡你還有些資金，何不把它當做種子錢，開始募款為主愛協會買辦公室，因為一個月三千美元租金負擔過重。」

如果我們有自己的據點，就可以省下很多錢。況且房產是會增值的。所以我們開始募款，感謝主，2013 年我們有了足夠的錢，在加州高地市買下一棟價錢合理的建築，花不到三十萬美元。董事會決定我們可以用現金買那個地方，因為經常費裡我們也還有些餘款。2013 年，我們搬進了這個新處所，並立刻加裝了錄音室和控制室，好繼續我們的音樂服事。

2013 年以前繼臨和我每年都去中國。可是突然間我雙腿無力，不能走很遠，也不能久站。我以為餘生都會如此，但是感謝上帝的憐憫，有人介紹我用針灸。我接受了六個月的針灸治療。現在我一天可以走兩三哩路，也可以站得比較久。可是，還沒好到能去中國。

然而主給我另一個可以在美國做的服事。我們家的錢財是本立在經營管理，可是他過世了，而我一點也不清楚該怎麼處理或投資金錢！我也怕找財務顧問，我聽了太多關於他們的故事。人們說他們有時候會虧掉你所有的積蓄。可是有一天，我聽見教會宣布他們有一個十

週的「冠冕財務聖經課程」。

我想既然是教會發起，應該夠安全，於是我參加了，並發現當中有很重要的關於運用金錢的訊息，而且所有的原則都來自聖經。我從來都不知道聖經裡竟然有兩千三百五十節是與錢和如何運用錢有關的經文。我越研讀，越覺得中國教會真的需要這種信息和教導，所以我決定要成為這方面的一個帶領人。

後來，我接受訓練帶領一個小組，可是我不知道怎樣開始這種教導，因為一組得有十二個人，此外，所有教材都是英文的，但我需要中文的。所以我上網搜尋，找到台灣冠冕有賣這種中文版的聖經研讀。學生們有了書可以每天花十五分鐘學習並做功課，而且從聖經中找到相關經文或教導。

我個人獲益良多。這是一個值得推介的優質事工。為鼓勵讀者也能參與此一訓練，下面特別做一介紹。

## 冠冕財務事工簡介

　　冠冕財務事工係於 2000 年由「基督徒財務觀念事工」和「冠冕事工」兩個機構合併而成。目前事工已發展至全球，成為一個國際性的基督教超宗派非營利事工組織，是全球最大的基督教理財及管家職分事工。

　　他們之所以稱為「冠冕財務事工」是根據腓立比書說：「你們就是我的喜樂，我的冠冕。」也因啟示錄四章 10 節中的二十四位長老把他們的冠冕放在寶座前一樣，在一切事上尊榮基督。也因著主頭戴荊棘冠冕為我們流血而死。

　　冠冕財務聖經觀講座及小組查經是從聖經中查考許多有關神的理財原則。聖經中約有五百節經文談到禱告，約有五百節經文談到信心，卻有兩千三百五十節經文談到錢財，可見神對財務的重視，可惜一般信徒對金錢卻有錯誤的觀點。若基督徒根據神的理財原則來生活和事奉神，就能塑造我們的品格，更親近神，更自由地

事奉祂，教會也會更復興，神的國度更得擴展！

許多教導理財的講座多半會牽涉到推銷商業上的投資，但「冠冕財務事工」機構特別聲明「任何人都不得利用個人與冠冕財務事工的關係來推銷、推薦任何投資理財服務或其他的專業服務」。

主愛協會事工又跨前一步和冠冕財務事工合作，在美國華人中推動以查經的方式來查考聖經中神對財務的看法，運用聖經的準則樹立信徒正確管理錢財的觀念，幫助信徒更親近神，更自由地事奉祂！

我們的方法是訓練各教會的成員帶領小組，再由小組中訓練其他小組領袖。小組訓練內容有：神對財務的主權、我們的責任、債務、諮詢、誠實、奉獻、工作、投資、觀念及永生。參與的成員不必對財務有任何的知識，但必須願意花時間查考聖經和每星期背誦一節相關的經文。小組訓練共十個星期，每次約兩小時。

在我的服事裡，我知道一件事，就是主是我的幫助。每當我不知道該如何做的時候，祂總為我開門。如

● 冠冕理財小組。

此一來，聖經財務教導的服事開工了，我覺得我在做一件對中國基督徒蠻重要的事，一旦基督徒知道了如何做上帝錢財的好管家，也就是明白他們所擁有的錢財是上帝給的，是神委託他們來運用的，那麼他們就更會有宣教的心。如果他們資助他們的教會，教會就有足夠的財務資源開始用於宣教項目。

感謝上帝，許多教會前來找我，幫他們開始這個十週「聖經財務」的研習小組。我也為經商的弟兄姊妹開始了「經商有道」小組。幾乎參加小組的每一位都覺得對他們的靈命生活很有幫助，而且現在他們能夠以上帝的方式管理上帝的錢。為著這項服事我感謝上帝。

# 我的家人

# Chapter 16

# 我們的兒孫與朋友

在這一章，我要向你介紹我的家人、朋友以及要感謝的人。女兒存慧嫁給了弗蘭克，他們很快給了我第一個外孫邁克，後來他們生了女兒嘉玲，給我添了個外孫女。我大兒子存智娶了溫迪，他們有兩個女兒，老大是恬妞，我們叫她丹妮，老二叫麗可。後來存智再婚娶了瓊婉，她是兩個男孩解祥禾和解翔恩的母親。連男帶女我一共有六個孫兒女。

自從本立回天家安息主懷，我的孩子們，存智、存慧、存恩、我的媳婦、女婿都與我很親近。他們成了我最親密的、最好的朋友，也是主愛協會最忠實、最能幹

的義工。大兒存智是主愛協會電腦維修的義工，我寫的英文信都是由他幫我修改。女兒存慧也在多方面幫助我，每逢主愛協會郵寄時，她和其他家人都會來幫忙。小兒存恩喜歡種花，特別是蘭花，他幫助我種植修剪園子裡的花草。

我要謝謝我的同工繼臨弟兄，我開始主愛協會時他就是我最好的夥伴。後來，他娶了 Rachel（拉結），順理成章地，她也成了我最好的朋友，又是個得力同工。現在他們每年都進入中國服事中國同胞。

2018 年 1 月 1 日，我把主愛協會的領導職位正式傳遞給黃繼臨弟兄，相信上帝必會使用他繼續維繫上帝曾經給本立和我的這份服事。

我也要謝謝我的主愛協會的董事們，他們在我服事主的事工上給予大力的支持，始終鼓勵我。我還要謝謝哈洛德‧杰‧賽勒博士和達琳‧賽勒太太，是他們的鼓勵要我寫出事奉神的美好見證。他們的好意我不忍拂逆，於是動心嘗試這本關於從我年幼到髮白人生的小故事。

● 存慧和夫婿弗蘭克，他們生了邁克和嘉玲。

● 大兒子和瓊婉的孩子，甜妞、麗可、祥禾、翔恩。

● 外孫女嘉玲和先生凱耀於2019年結婚。

● 主愛協會董事們。站在我身旁的是接棒的黃繼臨弟兄和Rachel夫婦。

　　但是千言萬語，提筆不知從何落筆，便對他們說：「我活到現在，從未寫過一本書。」他們卻已然出版過很多書，很有經驗，所以他們建議我先用英語錄下我的故事，然後他們會幫我述諸文字且加以編輯、出版成英文書。

　　他們在這本書上花了許多時間，我真要謝謝他們。溫英幹教授極力鼓勵我出版這本書的中文版，於是我請崔曼麗譯成中文並校對。此後，經小叔治平夫婦的建議，於再版時增添了更多的內容和照片。我非常感謝「宇宙光」願意出版！

最重要的是，我要感謝上帝，祂創造了我，並且引導我直到如今。本立在我身邊時我依靠他，可是他走後，我只能單單依靠我的神。現在我發現：這才是最討神喜悅的事；更體驗到神才是最信實，最慈愛的。祂不僅給我救恩，也給我機會事奉祂，引導我的路途，供應我的需要。在祂翅膀的蔭下，祂守護我的一生。

我服事祂前後超過一甲子。我雖自認不值什麼，祂仍用我服事祂。

願將所有的榮耀都歸給我們的上帝！阿們！

● 我與我們三個孩子：存智、存慧、存恩近照。

● 剛結婚和結婚四十年後的我們。兒女為我們慶祝。

● 我於2017年底退休，此乃2019年攝，年齡86歲。

# Chapter 17

# 海島歌聲
## ——林本立牧師的見證

在林本立牧師回天家十六年之後，我才有勇氣平靜地開始整理他的舊物，這時發現了林牧師於 1991 年寫下的「海島歌聲」，我覺得很有意思。他的見證也使你窺見那占我生命中四十五年的另一半！我願和你分享他的見證。

# 福音廣播遍神州，喜樂事奉三十年

## 重溫海島琉球、香港、新加坡、濟州島、塞班島和美國的喜樂事奉

### 浪子回頭，請差遣我

1949 年夏天，我們全家從中國大陸搬到了台灣。那時我才十幾歲卻已飽嚐戰爭的恐怖和逃難的痛苦。隨著在空軍服務的父親，我們不知搬了多少次家，所以當我們到台灣時，小學和初中畢業的文憑都沒有拿過，於是我決定好好讀書，一定要拿到一張高中的文憑，而且想進入當時最高的學府也就是台灣大學去讀理工，將來做一個著名的工程師。

雖然幼時曾受迷信和佛教的影響，到台灣後也曾去禮拜堂聽過幾次道，但沒有做過信仰的決志。其實冥冥中神已在帶領安排我的一生，不過我不知道而已。

我以一年半的時間在台南讀完高中後，如願地考上了台灣大學的土木系，當時真是喜出望外。從此更專心攻讀，好像俗語所說，以為「書中自有黃金屋，書中自有顏如玉」哩！但是當我讀到大三時，漸漸發現人所知究竟有限。

　　人生的目的是什麼？這個問題如何解決呢？宇宙中一定有一位真神，那麼我與祂的關係如何？這些問題使我開始尋求真理，終於，在一次佈道會中，當我聽到路加福音「浪子回頭」的故事時，我撇下了一切驕傲，謙卑地走到教堂講台前面，公開地接受了主耶穌做我的救主。

　　記得就從那一刻起，有一種說不出來的平安與喜樂充滿了我的心，正如聖經哥林多後書五章17節所說：「若有人在基督裡，他就是新造的人，舊事已過，都變成新的了。」成為基督徒後，對前途的看法亦有了改變。在另外一次聚會中，藉著一位宣教士的口，我看到了人的光景和需要。誰願意為神去得人呢？「主啊，請差遣我。」我輕輕地對主這樣說。但對於世界龐大的需要，尤其像我曾住

過十多年的中國大陸，在 50 年代已有幾億人口，像我這樣一個學土木工程的人又能夠做什麼呢？

神那時給我的指示是等待，好好地裝備自己，當神的時候來到，祂一定會差遣我。台大畢業後上完軍訓，我在台北一家建築公司擔任建築工地工程師，負責監督榮民總醫院一期的部分工程。在一位資深建築師的教育督導下，學了許多實際的經驗。

然後神又將張嘉禎姊妹賜給我，成為我最好的另一半。她為信主的緣故，被父親逐出家門。她在台灣大學對面的「十字園」向學生做見證。我是在信主後，在一查經班認識了她，然後又同在「導航會」的一位宣教士的教導下，屬靈生命得以成長。但是神對我一生的計劃，是否就是在商業性的建築公司做一輩子的工程師呢？我不甚清楚。

## 神的預備：興起的遠東廣播公司，鐵幕上空可沒有鐵蓋子

許多人都記得 1949 年是鐵幕將中國大陸關閉的那

一年。但是 1949 年 7 月 29 號，卻是宣教史上可紀念的一天：因為在那天，中國大陸土地上空忽然充滿了隱藏在雲端之上奇妙的聲音，那就是來自成立才四年的遠東廣播公司（FEBC）的「良友電台」從菲律賓播出的。遠東廣播公司是一個非商業性的基督教宣教機構，以「藉廣播傳基督」為銘言，由兩位有信心而對中國及遠東又極有負擔的年輕美國基督徒所創辦。他們的策略是找個適宜的據點，然後建造強力的無線電台傳播基督福音，深入那些關閉的地區，亦即一般宣教士們因政治、宗教等攔阻所不能去的地方。他們雖然只有一千美元的創辦基金，但他們信靠神，遵從傳福音給萬民聽的大使命，這可是每一位基督徒都應持守的。

在成立之後短短的四年中，不但已在菲律賓擁有自己的電台，除了可向菲律賓十五個島嶼傳揚福音之外，也可在共產政權完全取得中國大陸之前兩個月，藉著短波也使福音充滿了中國上空。雖然在以後兩年中，數千位宣教士被逐離中國土地，但對福音廣播而言，卻是個

敞開的門，誰又能在鐵幕上方加上頂蓋阻止福音進入呢？

## 你們要在海島榮耀神──琉球沖繩島上的奇蹟

　　遠東廣播公司雖然已經從 1949 年開始向中國廣播，但中國的版圖實在太大，當時人口也占了全世界的四分之一，僅靠從菲律賓發射的廣播電台是不夠的。那麼在東方的諸海島中，什麼地方在當時最適宜建立另外一座強力的中波電台呢？答案是第二次世界大戰時，美軍浴血得來的沖繩島。

　　沖繩島離中國最大的城市上海只有四百哩，那是個設立電台理想的地點。在當地既沒有金錢又人力短缺的情況下，遠東廣播公司總部隨即派了兩位宣教士來到沖繩島，憑著信心要建立一座向中國傳福音的強力中波電台！

## 祂必指引你的路──從火箭基地到福音電台

　　神的帶領是奇妙的，就在同一時候，新婚不久的我

們也到了沖繩島。其實我原來是受聘去為美軍建造火箭基地的。就在一次參加美軍教會聚會中認識了遠東公司派來的那兩位開荒的宣教士。當我知道他們其中一位是建築師，另一位是電子工程師時，心中又驚又喜：驚的是他們肯離鄉背井，甘心奉獻自己做宣教士，都因如此地熱愛主和中國人；喜的是得知這樣一個也接納技術人員做宣教士的遠東廣播公司，以達到藉廣播傳基督到中國的初衷。

當他們知道我是學土木的而且在當地做工程師也非常高興，他們就進一步問我是否願意義務協助電台的設計、施工等工作。想到我曾對主說：「我在這裡，請差遣我。」這實在是個好機會，我就很樂意地答應了。

## 從工程師到宣教士：中國基督徒也可以做宣教士

經過一年多的籌備，電台得到了政府的許可，在島的北方也租到了一塊十餘畝可建電台的地。那時雖然陸續有幾位宣教士來到沖繩島，但是沒有一位是土木工程

師出身，能作結構設計並認真負責監督工地施工（沖繩島因颱風很多，建築物都需要有很好的結構設計）。這時神在我們心裡動工，我們何不全時間出來做宣教士，猶如西方宣教士一般？中國有好幾億的靈魂在苦難中，而福音廣播是目前唯一有效的方法使他們可以認識神、得到救恩和安慰。

許多外國的宣教士都已奉獻，可是我們中國的弟兄姊妹呢？神在那時也給了我們兩節經文，就是以賽亞書五章 13-14 節，讓我更想到中國的需要，中國的百姓極其飢渴，誰去給他們靈糧呢？奉獻成為宣教士意味著必須過信心生活，我深信我們自己生活的需要，神一定會負責到底的。神不是連小麻雀都看顧嗎？

經過了幾個月的禱告等待，就在 1959 年 7 月我辭去建築公司工程師職務，8 月加入遠東廣播公司，成為他們所等待的第一對來自東方國家的宣教士！

那時接受東方宣教士的宣教機構可以說是沒有，所以當我們填職業欄是宣教士時，連自己都很難相信哩！

## 喜樂的事奉

今年是 1991 年,轉眼間我們奉獻加入遠東廣播公司做宣教士要滿三十二年了。這些年間神賜福遠東廣播公司,從只有數個電台而至擁有三十二座中、短波廣播電台,同工也從開始的幾位增加到約八百人。至於所用的語言及方言約一百種,其中廣播時數最多的仍是中文,每天達三十多小時,從菲律賓、韓國、塞班島三個地區以中波及短波播出。

我們所參與的以負責中文電台及錄音製作中心為主,另外也幫助過英文及日文的福音電台。現在從記憶中,將幾件印象深刻的事與你分享:

## 神是「移山的神」

我做了宣教士後的第一件工作不是上講台,而是測量繪圖,並決定天線鐵塔的方向。因為上海是中國人口最多的城市,所以四條鐵塔天線要對準上海,以扇形廣播到中國大陸。但當我測量完畢打下四個標示鐵塔位置

的樁子時，竟發現其中兩個樁子都在小山丘上，電子工程師一看就說：「不行！四個鐵塔都要在平地上。」我們既不能夠改變上海的方向，那麼只有移山了。但是一個憑信心的宣教機構哪來這麼多錢和足夠的人力來移山呢？聖經上不是說憑信心就可以移山嗎？我們只有向神呼求，祂就指示我們去拜訪駐守島上的美軍司令。

這位海軍陸戰隊的中將聽了我們所要做的，竟然說：「我們做軍人的，東征西討，最多只能改變世界的地圖國界，但你們宣教士所做的，卻是改變人心，這比我們做的更有意義！如果你們成功了，我們軍人也就不必打仗了。我願意幫助你們，請問你們要我做什麼？」

我們說：「請你幫我們挪開那兩座山。」他輕鬆地說：「沒有問題！」

原來當時越戰正酣，美國海軍陸戰隊用沖繩島作為訓練基地，教導士兵們使用各種重型機械挖山開路。他即刻派了一些工兵動用大型推土機等機械。過了兩星期後我再去看時，那兩座小山早已不見蹤影，都給推到海

裡去了。我終於知道，今日的神仍然是「移山」的神！

## 六十八歲當宣教士

當沖繩島中文電台「福音之聲」快完工時，因耗電極大，島上電力無法供應，我們得自行發電，但那發電機有火車頭般大，誰能常住在那兒每天發動它而且還要負責維修？當我們向「莊稼的主」懇切祈求時，一位住在加州已退休的發電機工程師坦然應召，他說：「我們愛中國人，願將福音傳給他們，現在既然沒有年輕人去，那我們兩夫婦願意去。」不久我們在沖繩島歡迎這對白髮皤皤六十八歲的老弟兄夫婦來到。他每早晨四點鐘就起身開動發電機，在那震耳欲聾的發電機房內，將福音傳到中國！

## 沖繩島華僑教會宣教的熱誠和愛心

當我們奉獻成為宣教士的同時，我們與一位來自菲律賓的華僑周伯達長老也開始了一個華僑教會。最初只

有六、七個人聚會，聚會數年中增長十倍約有七十人，都是來自香港、台灣及東南亞的華僑。最使人感動的是同工會對宣教的極力支持。規定每月第一個主日的全部奉獻給遠東廣播公司的中文電台，另外也支持「中信」等其他聖工。直到現在由那教會出來的兄姊們，雖已分散世界各地卻仍然愛主，連第二代的青年也繼續支持福音廣播及其他宣教事工，感謝讚美主。

## 聽眾的反應與信心考驗

在我們事奉的頭二十年中（1959-1979），聽眾來信很少。記得曾有一整年連一封信都沒有。對於一個從事廣播工作的人，這是極令人灰心的事。甚至有牧者及差傳專家批評福音廣播乏力，鮮有果效，但是主給我們鼓勵和安慰，叫我們繼續撒種不可灰心必能發旺（傳道書11:6），所以我們日夜不歇都有節目向中國播放。

終於在 1979 年 2 月奇蹟發生了！我們設在香港的信箱突然爆滿，居然一口氣收到八百九十九封信，3 月

收到三千餘封……這比過去三十年來從中國來信的總數還多。平均每年有萬餘封信，這當然是因為中國的新領袖換了政策，施行「四個現代化」的影響，但從這些來信及以後親自進入大陸的訪問中，我們得知神如何在過去的艱難歲月中，藉福音廣播（中國聽眾稱呼遠東廣播公司為良友電台或益友電台）保守信徒的信心，也教導了他們如何度日；同時也在受無神論教育長大的新一代中傳播了福音，使他們知道有一位創世的真神。

當宣教學者發現中國大陸的基督徒數目不但沒有減少，反而從 1949 年不到一百萬增加到今日的五千萬以上時，才異口同聲地讚美主，也感謝祂使用了「福音廣播」這大眾傳播的工具！

## 空中良友聖經學院學生最多

在中國家庭教會負責牧養的弟兄們很少有受過神學訓練的，有些來信告訴我們說，某某弟兄才信主不到一年已在牧養兩、三間教會。所以對中國大陸幾十萬的家

庭教會牧者或信徒領袖而言，神學教育是極其需要的，但是到現在為止官方的「三自教會」開辦的神學院僅僅十三所，即使每一位畢業生都是信仰純正的，也不過是杯水車薪而已。

所以過去十年來我們首先播出「空中神學院」一系列的節目後，又增加專以農村教會領袖為對象的「農村聖經學院」。近幾年來我們又在新加坡製作「進深神學院」，這都是四年的空中教授課程。「進深神學院」的特色是專門請已在各神學院授課，或資深聖經學者來我們的錄音室錄製節目。聽眾都很熱烈支持，有一位聽眾這樣說：「近來教會中有許多異端混亂信徒的信心，我們怎樣分辨他們所講的是否正確，就看他們所說的是否與你們收音機中所講的一樣。」感謝主，藉著福音廣播「空中神學院」的節目，使中國大陸成千上萬的信徒得到造就，做主的好牧人（1991 年開始，農村聖經學院和進深神學院合併成為良友聖經學院）。

## 幾位「夥伴」的故事

　　遠東廣播公司既是一個憑著信心的宣教機構，所以無論是宣教同工的生活需要、每一座電台的開辦費、機器的維修以及龐大的電費，都是靠著信心仰望神感動弟兄姊妹來供應。我們稱這些以經濟及禱告支持我們的為「福音廣播夥伴」。

　　記得香港有一位曾老弟兄，當他知道我們要在租金昂貴的九龍購買錄音室而又缺乏經費時，他將子孫們召集宣告說要改變遺囑，於是他奉獻了一部分積蓄給遠東廣播公司。

　　在新加坡有一位愛主的弟兄，當初移民到新加坡時，可以說是一文不名，但經過了多年苦幹經營，功成名就。他沒有忘記這一切都是從主而來，當他聽說我們定下目標，要在 2000 年之前將福音傳遍世界，而必須擴大新加坡的錄音中心才能達標時，他就一次奉獻了約美金五萬元。

　　另外又有一位林弟兄用一個瓷磚做的肥肥胖胖的小

豬存錢幫助福音廣播，當他把那小豬拿來時，因為太重了就破了，我們花了相當長的時間才把裡面的輔幣數清，差不多有四百多美元。

當然最令人感動的是中國大陸九位家庭教會領袖及兄弟姊妹們請人帶出的一筆奉獻！其實他們的收入少到你難以想像的地步，然而他們卻存著感恩的心，支持我們福音廣播的聖工。

願主大大賜福每一位「福音廣播夥伴」！

## 前面的挑戰：建造更多福音電台的錄音室，西元2000年福音遍傳世界的異象

1985 年遠東廣播公司與其他兩間福音廣播的宣教機構共同傳遞了一個異象，那就是要在西元 2000 年之前使世界上每個人都可以從福音廣播電台用自己懂得的語言聽到福音。這個挑戰促使許多基督徒對福音未及之地的人民，以及他們使用的語言，和在他們特有的文化跟福音之間的融合等等，產生了極大的關懷。

就中國而言，還有好幾個群體沒有他們自己語言的福音廣播，而既有語言的福音節目仍然需要增加許多！我們雖然為中國已有百分之五的信徒而高興，但對那還未信主的百分之九十五的人，誰去把福音傳給他們呢？我們可以用西元 2000 年為目標嗎？在主的賜福下，相信福音廣播仍然會是主要的傳媒，而且西元 2000 年將福音廣傳的目標也是可以達到的。

我們夫婦願意將以後的年日也交在祂的手中，或建電台，或闢錄音室，或製作福音節目，我們都樂意貢獻我們的這一份，事奉主，藉廣播傳基督，直到地極！

（林本立牧師寫於 1991 年）

謝謝你們花時間讀我的故事
盼望得到你們的回應！

――――――

若有任何問題或回應，請發電郵給我：
**florencelin1987@gmail.com**

――――――

索取主愛協會有關資料，請聯絡：
**Chilin Huang**
**1846 West 11th Street, Unit A**
**Upland, CA, 91786 USA**

國家圖書館出版品預行編目 (CIP) 資料

在祂翅膀的蔭下：林張嘉禎的見證故事-Under
His Wings:The Story of Florence Lin's Life；林張嘉禎
(Florence Lin) 著
初版. -- 臺北市：宇宙光全人關懷, 2021.09
208面；15.5×23公分 (探索・歷史;26)
ISBN 978-957-727-601-8 (平裝)

1.林張嘉禎　2.基督教傳記

249.933　　　　　　　　　　　110013169

# 在祂翅膀的蔭下
## 林張嘉禎的見證故事

作者／林張嘉禎
責任編輯／王曉春
美術設計／化外設計

總編輯／金薇華
主編／王曉春
資深編輯／張蓮娣
網頁編輯／王品方

發行人／林治平
出版發行／財團法人基督教宇宙光全人關懷機構
地址／臺北市和平東路二段 24 號 8 樓
電話／ 02-23632107 傳真／ 02-23639764
網站／ www.cosmiccare.org/book
郵政劃撥／ 11546546（帳戶／宇宙光全人關懷機構）

承印廠／晨捷文化事業股份有限公司
經銷商／貿騰發賣股份有限公司
　　　　網站：www.namode.com 電話：02-82275988

2021 年 9 月 1 日 初版 1 刷
定價：380 元